거실에 소가 누워 있어요

세상 모든 물건에 숨은 과학 3

# 거실에 소가 누워 있어요

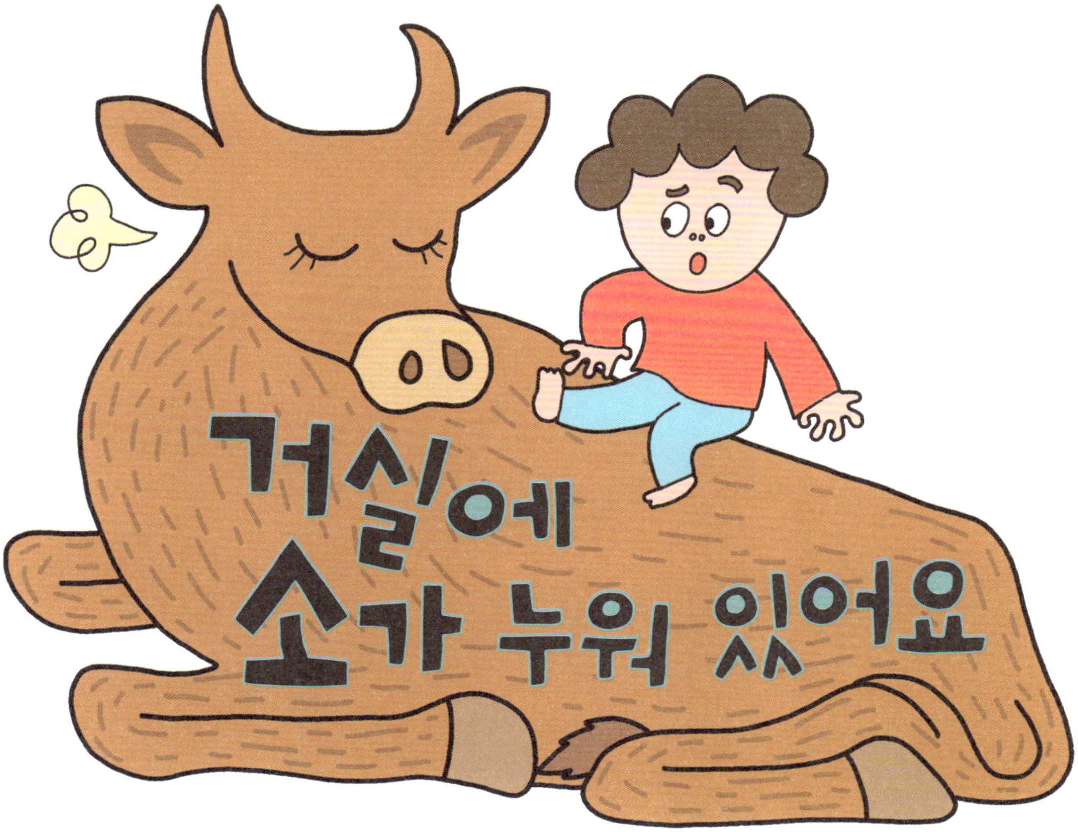

이대형 글 강혜숙 그림

한울림어린이

## 호기심으로 똘똘 뭉친 어린이들을 위해

우리는 매일매일 잠을 자고, 옷을 입고, 음식을 먹고, 공부하고 노는 데에 수많은 물건을 사용합니다. 우리가 사는 집 역시 여러 가지 재료로 만들어진 물건입니다. 하지만 우리는 이 물건들이 어떻게 만들어지는지 잘 모릅니다. 이미 익숙해진 주변 모든 사물을 있는 그대로 받아들일 뿐이죠.

그런데 호기심 많은 어린이들은 묻습니다. 우리가 먹는 음식, 입는 옷, 매일 사용하는 학용품 들이 무엇으로 어떻게 만들어졌는지, 어디서부터 시작되어 우리에게 왔는지, 끝없이 질문하며 또 탐구합니다. 때로는 창의적인 공상에 빠지기도 하죠.

이 책은 호기심으로 똘똘 뭉친 어린이들을 위한 시리즈입니다. 어린이들에게 친숙하고 재미있는 그림과 명쾌한 글, 웃음과 정보를 함께 담아낸 말풍선은 우리가 사용하는 물건들이 무엇으로 어떻게 만들어졌는지, 어떤 사회문화적 배경에서 탄생했는지를 보여 줍니다. 그리고 자연에서 얻은 재료로 전혀

다른 결과물이 만들어지는 과정을 통해 일상 속 과학의 원리를 알려 줍니다.
 이 책이 세상 모든 것에 '왜?' '어떻게?'라고 묻는 우리 어린이들을 위한 재미있는 과학책이 되기를, 그래서 어린이들의 궁금증을 조금이나마 해결해 주는 도구가 되기를 바랍니다.

춘천에서 이대형

## 차례

들어가는 말

| | |
|---|---|
| 거울 | 8 |
| 도자기 | 12 |
| 필름 카메라 | 16 |
| 카펫 | 20 |
| 화문석 | 24 |
| 가죽 소파 | 28 |
| 형광등 지식 더하기 | 32 |
| 칫솔과 치약 | 34 |
| 재생비누 | 38 |

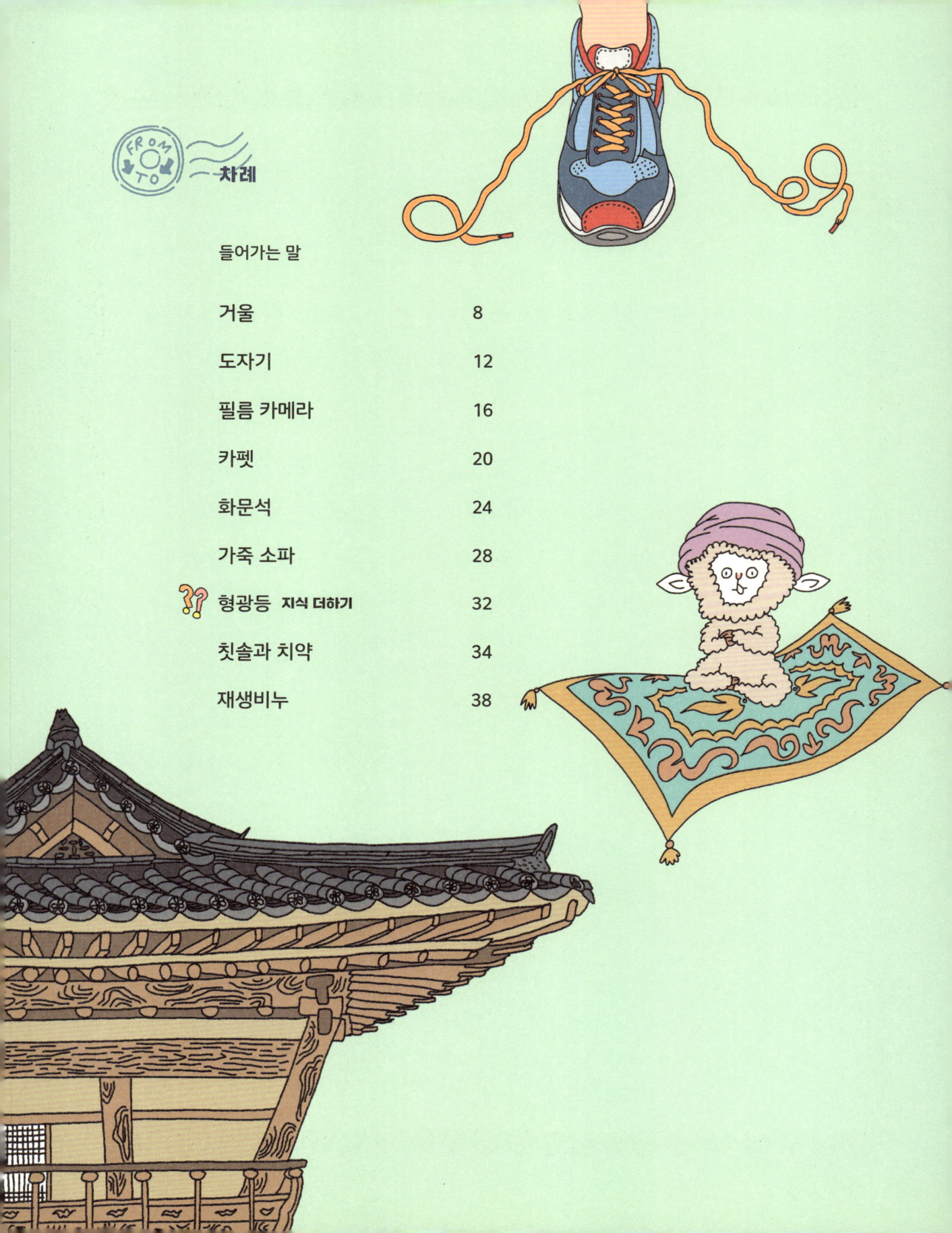

| | |
|---|---|
| 운동화 | 42 |
| 구두 | 46 |
| ⁉️ 온돌 지식 더하기 | 50 |
| 기와 | 52 |
| 알루미늄 새시 | 56 |
| 스티로폼 | 60 |
| 시멘트 | 64 |
| 철근 | 68 |
| 수돗물 | 72 |

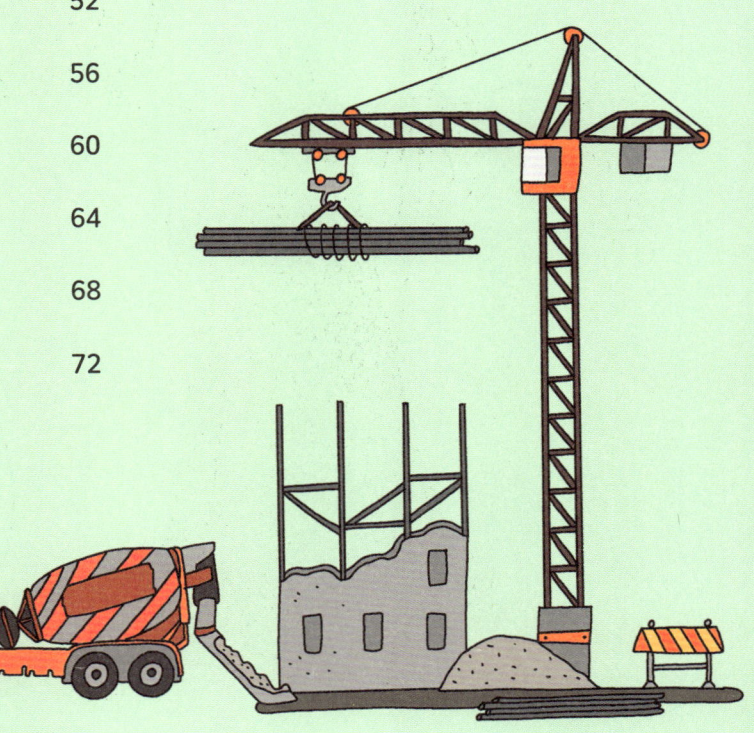

# 거울

반짝이는 은색 유리 거울이 만들어지기 전에도 사람들은 거울을 만들어 썼어요. 고대 이집트와 중국에서는 기원전 3000년부터 구리나 청동으로 거울을 만들었어요. 우리나라에서는 기원전 6세기에 처음으로 청동 거울을 만들어 썼지요. 삼국 시대, 고려 시대는 물론 조선 시대까지 청동 거울이 쓰였답니다.

오늘날 쓰이는 은색 거울은 1835년 독일의 화학자 유스투스 폰 리비히가 만들었어요. 화학 반응을 통해 유리의 한 면에 금속 은을 얇게 입혀서 만든답니다.

무령왕릉에서 출토된 청동 거울

**4** 유리판 위에 용액을 부어요.

**5** 끓지 않을 정도로 따뜻하게 가열해요.

**6** 유리판 위에 은이 덮이면서 거울이 완성돼요.

**호기심 톡톡!**

### 거울의 원리를 알려 줘!

거울은 편편한 유리의 한쪽 면에 금속 은을 얇게 입혀서 만들어요. 이 과정에는 '은거울 반응'이 이용된답니다. 1835년 독일의 화학자 유스투스 폰 리비히는 질산은을 물에 녹인 다음, 암모니아수를 넣고, 다시 포도당과 수산화나트륨을 섞었어요. 이 과정에서 은 이온($Ag^+$)이 은 원자($Ag$)로 바뀌면서 유리 표면에 달라붙었지요. 유리에 얇게 입혀진 은은 사물을 완벽하게 반사해서 보여 주었어요. 오늘날 우리가 쓰는 거울은 이렇게 탄생했답니다.

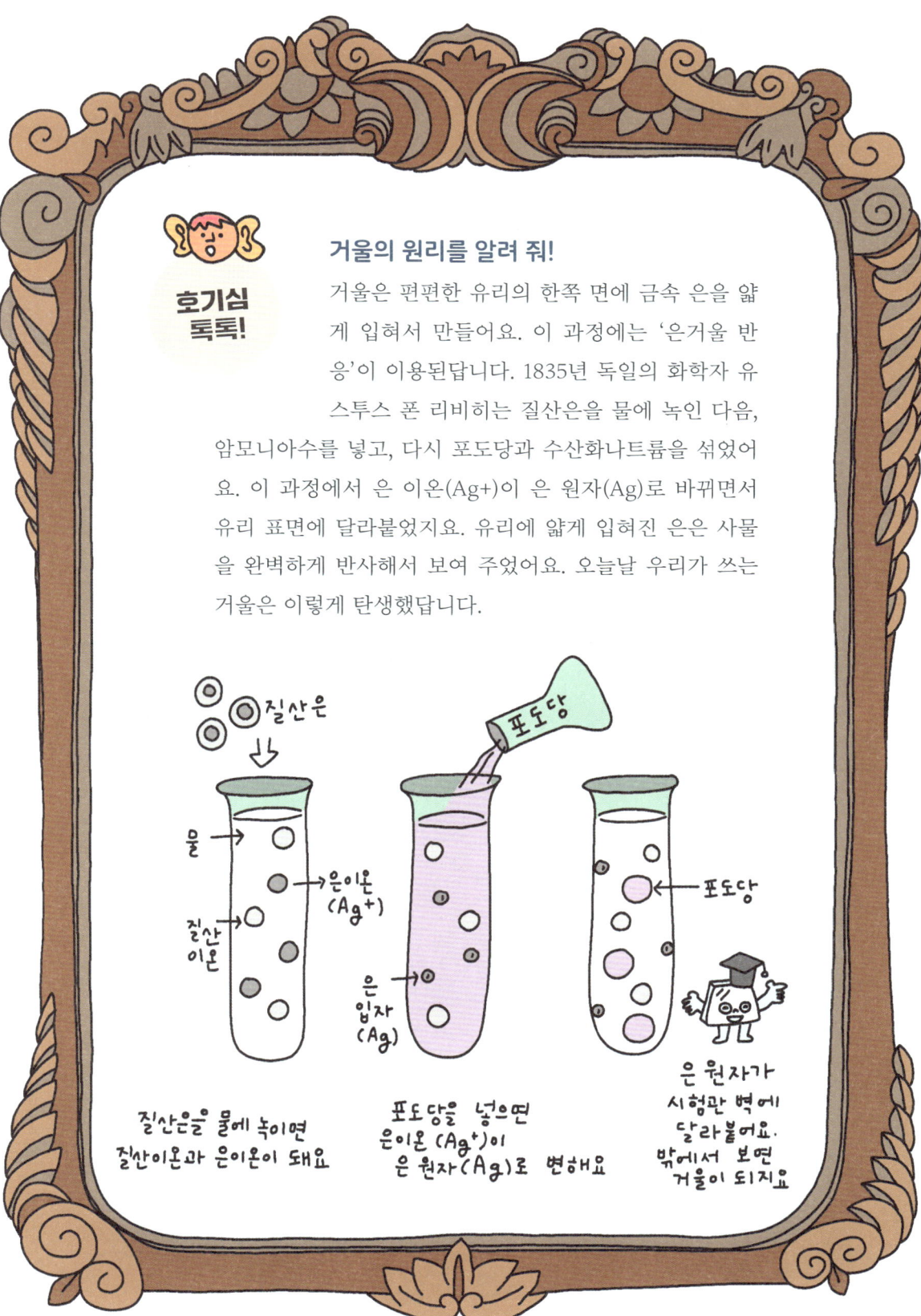

질산은을 물에 녹이면 질산이온과 은이온이 돼요

포도당을 넣으면 은이온($Ag^+$)이 은 원자($Ag$)로 변해요

은 원자가 시험관 벽에 달라붙어요. 밖에서 보면 거울이 되지요

# 도자기

신석기 시대 사람들은 모닥불 근처의 진흙이 딱딱하게 굳는 것을 보고, 진흙을 구워 토기를 만들기 시작했어요. 시간이 지나 모닥불보다 더 높은 온도의 불을 피울 수 있게 되자, 그릇을 만드는 기술도 발전했지요. 우리나라는 삼국 시대부터 본격적으로 도자기를 만들기 시작했어요. 고려 시대의 청자는 세계적으로 유명하답니다.

흙을 보물로 만드는 마법 같은 불의 힘!

**1** 고령토를 곱게 간 다음 체에 걸러요.

**2** 흙을 물에 넣고, 가라앉은 앙금만 그늘에서 말려요.

**3** 완전히 마르기 전에 발로 밟아 흙 속의 공기를 빼내요. 흙에 공기가 남아 있으면 그릇을 구울 때 깨져 버려요.

**4** 손으로 반죽해요. 여러 번 반죽할수록 흙이 끈끈해져요.

**5** 빙글빙글 돌아가는 물레 위에서 그릇을 빚어요. 빼어난 곡선을 자랑하는 고려청자나 조선 백자는 물레 덕분에 만들 수 있었죠. 판판한 선반 위에서 흙을 얇게 밀어 접시 등을 만들기도 해요.

**6** 도자기가 어느 정도 마르면 거친 부분을 매끄럽게 다듬은 다음, 조각칼로 새기거나 도장을 찍어서 무늬를 넣어요.

**7** 충분히 말린 다음, 800~900도에서 14~25시간 동안 구워요. 이것을 '초벌구이'라고 해요. 초벌구이가 끝나면 여러 가지 색깔의 안료를 사용해서 붓으로 그림을 그려요.

**8** 유약을 입혀요. 유약은 도자기에 액체가 스며들지 않도록 해요. 또 유리처럼 반짝반짝 광택이 나도록 하지요.

**9** 유약이 마르면 가마에 넣어요. 1200~1300도에서 20~30시간 정도 굽는데 이것을 '재벌구이'라고 해요.

**10** 가마가 식은 다음 도자기를 꺼내요.

### 호기심 톡톡!

**도자기와 토기는 같을까, 다를까?**

도자기와 토기는 둘 다 흙으로 만들어요. 하지만 만드는 과정에 차이가 있어요. 도자기는 1000도 안팎의 높은 온도에서 두 번 구워 만들고, 토기는 500도 안팎의 온도에서 한 번만 구워 만들어요. 그래서 토기가 도자기보다 약하답니다.

토기는 쉽게 만들 수 있어서 신석기 시대부터 만들어졌다고 해요.

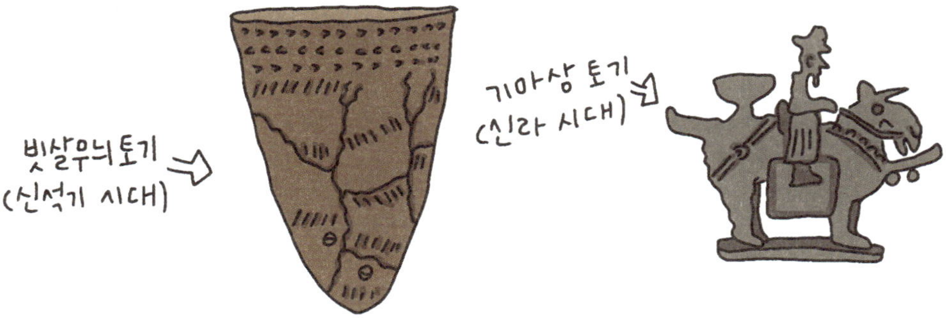

빗살무늬 토기 (신석기 시대)

기마상 토기 (신라 시대)

# 필름 카메라

오늘날에는 디지털카메라와 휴대전화로 사진을 찍지만 예전에는 카메라 안에 필름을 넣어서 사진을 찍었어요. 사진관에서 필름을 인화해야만 어떤 모습이 사진에 찍혔는지 볼 수 있었죠. 똑같은 사진을 여러 장 인쇄할 수 있는 필름 카메라는 19세기 프랑스의 발명가 조제프 니세포르 니엡스가 만들었답니다. 조제프는 빛에 민감하게 반응하는 물질을 구리판에 바른 다음 카메라 안에 넣었어요. 구리판에 새겨진 장면은 여러 장 인화할 수 있었답니다. 이것이 최초의 필름이에요.

**4** 어두운 방에서 확대기에 네거티브 필름을 넣고 바닥에 인화지(사진을 인쇄할 종이)를 놓은 다음, 빛을 쪼여요.

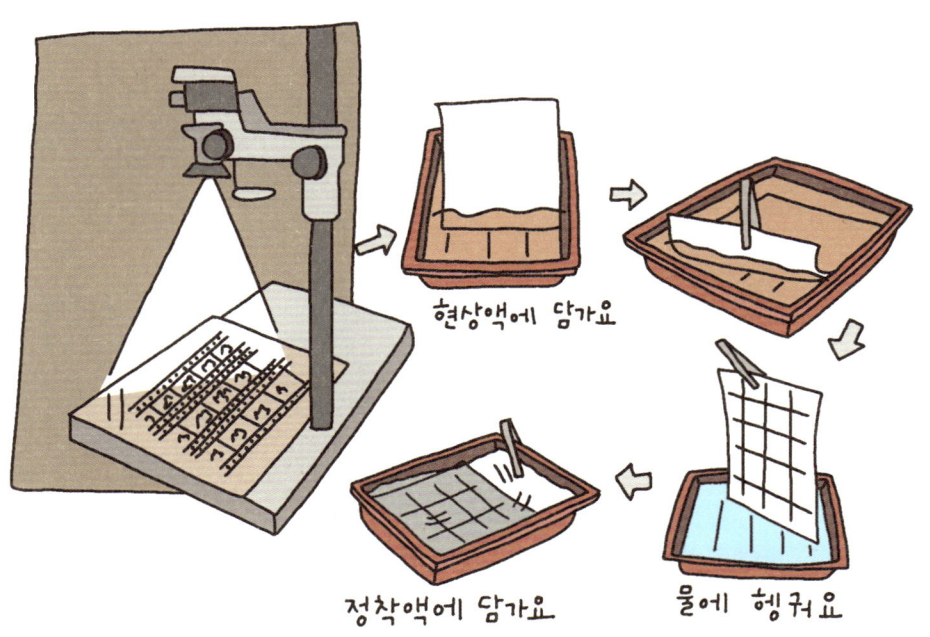

**5** 카메라로 찍은 장면이 인화지에 그대로 나타나요.

**필름은 어떻게 사진이 될까?**

사진용 필름에는 할로겐화 은이라는 물질이 발라져 있어요. 이 물질은 아주 미세한 빛에도 변화를 일으켜 검게 변하죠. 필름을 현상하면 밝은 빛을 받은 부분은 더 검게 변하고 빛을 덜 받은 부분은 상대적으로 덜 검게 변해요.

흑백 필름에는 할로겐화 은만 들어 있지만 컬러 필름에는 붉은색, 파란색, 초록색에 반응하는 물질이 함께 들어 있어요. 그래서 현상된 사진에는 어떤 색의 빛을 얼마나 받았느냐에 따라 여러 가지 색이 진하게 또는 옅게 나타나요.

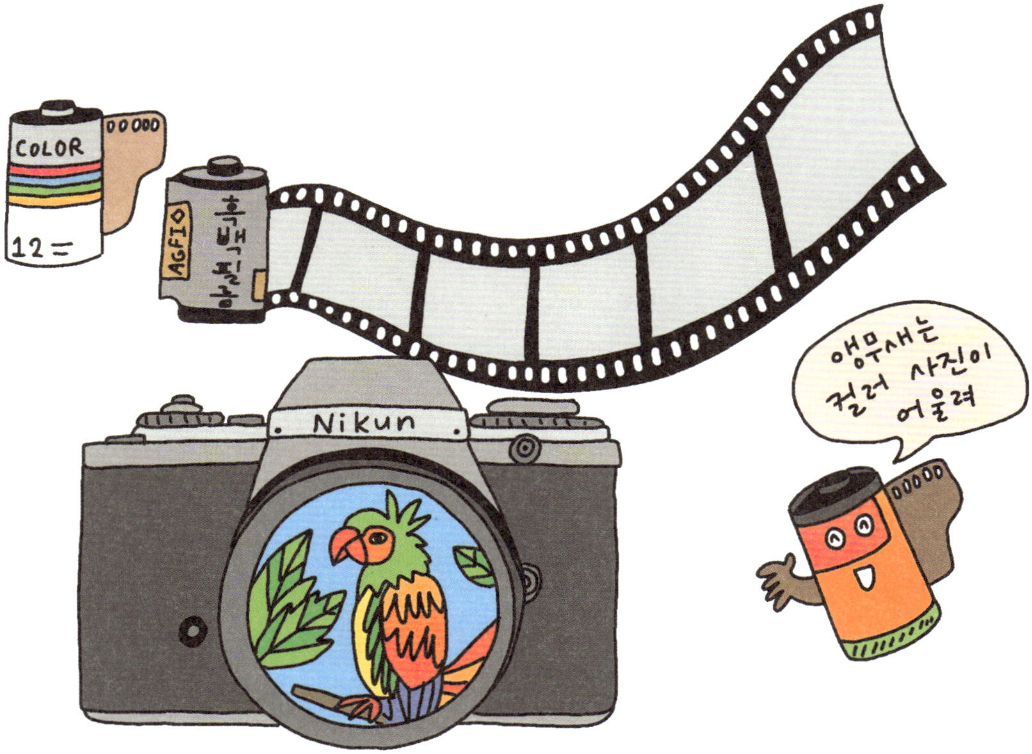

# 카펫

카펫은 방바닥이나 마루, 계단 등에 까는 깔개를 말해요. 양탄자 또는 융단이라고도 하죠. 합성 섬유로 만들기도 하지만, 원래 카펫은 동물의 털로 짠 모직물이에요. 낙타나 야마, 양 등 여러 짐승의 털을 이용하는데, 가장 많이 쓰는 건 양털이에요. 서남아시아의 여러 나라에서는 일찍부터 카펫을 만들기 시작했어요. 특히 이란과 터키의 카펫이 유명해요. 아름다운 문양의 카펫은 장식용으로 벽에 걸기도 한답니다.

**1** 양털을 깎아서 깨끗이 씻어 말린 다음 털실을 만들어요.

**2** 털실을 여러 가지 색으로 염색해요.

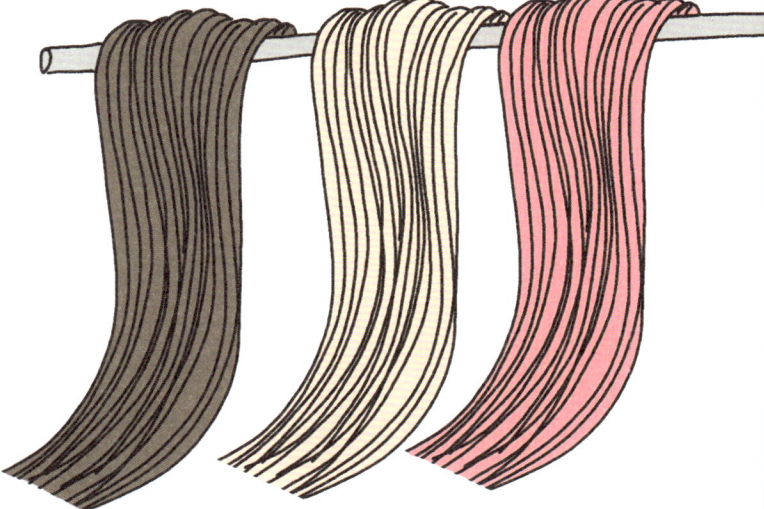

**3** 만들려는 카펫의 길이와 폭을 생각해서 날실을 걸어요.

**4** 아랫부분부터 카펫을 짜기 시작해요. 끝부분의 술은 날실 두 개마다 색깔 있는 실로 매듭을 지어서 묶은 다음, 적당한 길이로 잘라서 만들어요.

**5** 넣고 싶은 문양대로 매듭을 엮으면서 무늬를 만들어요.

**6** 하나하나 매듭을 지어 만들기 때문에 많은 시간이 필요해요.
카펫 하나를 완성하기까지 몇 달에서 몇 년이 걸리기도 한답니다.

# 화문석

여름이면 할머니 집 마루에 까끌까끌한 돗자리가 깔리죠? 이 돗자리는 왕골이라는 풀로 만드는데, 왕골 돗자리 가운데 가장 유명한 것이 화문석이에요. 화려한 색으로 물들인 왕골로 꽃의 모양을 놓아 짜기 때문에 꽃돗자리라고도 하지요. 용, 호랑이, 원앙과 봉황, 학, 매화, 모란과 같은 무늬를 넣기도 한답니다. 화문석은 신라 시대부터 만들어 썼어요. 오늘날에도 강화도에서 많이 만들어지죠. 화문석은 한 줄 한 줄 손으로 짜서 만들어요. 세 사람이 너비 2미터의 화문석 한 개를 짜는 데 5일이 걸린다고 해요.

**4** 나일론 실을 실패 모양의 고드랫돌 여러 개에 나누어 감아요.

**5** 고드랫돌에 감긴 실을 두 개씩 짝지어 묶어서 돗자리를 짜는 틀에 걸쳐 놓아요.

**6** 나일론 실 위에 왕골을 한 줄씩 올리며 엮습니다. 무늬를 넣을 때는 염색한 왕골을 덧대면서 엮어요. 화문석을 다 짜고 나면 나일론 실로 매듭을 지어요.

### 호기심 톡톡! 화문석 색깔은 왜 물에 지워지지 않을까?

우리는 화문석이나 옷감, 머리카락 등에 고운 색을 물들여요. 이 과정을 '염색'이라고 합니다. 일단 염색을 하고 나면 물에 빨아도 색이 지워지지 않아요. 이유가 뭘까요?

염색할 때는 '매염제'를 같이 넣어요. 매염제는 천이나 실, 왕골 등과 색소가 잘 결합하도록 만들어요. 물과는 결합되지 못하도록 막죠. 손톱에 봉숭아물을 들일 때 백반을 넣는 것도 같은 이유에서예요. 이때 백반은 색소와 손톱의 단백질이 잘 결합하도록 돕는 매염제랍니다. 그래서 아무리 손을 씻어도 봉숭아물이 지워지지 않는 거예요.

# 가죽 소파

가죽 가공은 가장 오래된 기술 중 하나예요. 가죽 가공의 역사는 인류의 역사만큼이나 오래되었답니다. 인류는 원시 시대부터 동물을 사냥해서 고기는 먹고 가죽으로는 옷을 만들어 입었어요. 동물 가죽은 쉽게 썩기 때문에 오래 사용할 수 있도록 가공하는 기술이 필요했죠. 사람들은 여러 번의 시행착오를 통해서 가죽을 가공하고 관리하는 기술을 얻게 되었답니다.

**1** 죽은 소의 가죽을 벗겨요.

**2** 물에 담가서 가죽에 붙어 있는 오물을 깨끗하게 씻어 내요.

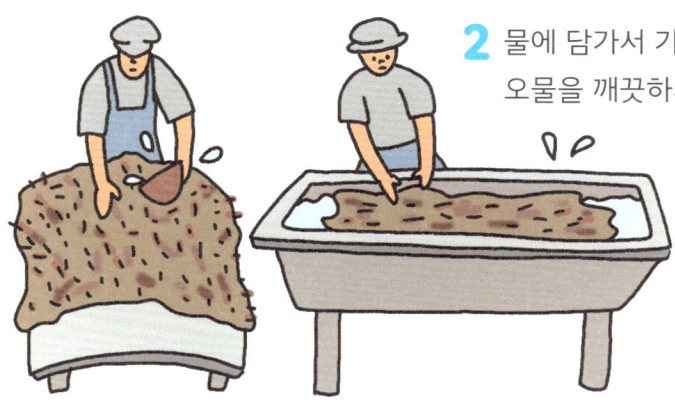

**3** 석회수에 담그면 가죽이 부풀고 털구멍이 느슨해져요. 이것을 커다란 통에 넣고 빙글빙글 돌리면 가죽에 붙어 있던 오물과 털이 떨어져 나가요.

**4** 통에서 가죽을 꺼내요. 이때 가죽은 앞뒷면이 깨끗한 회색을 띠어요.

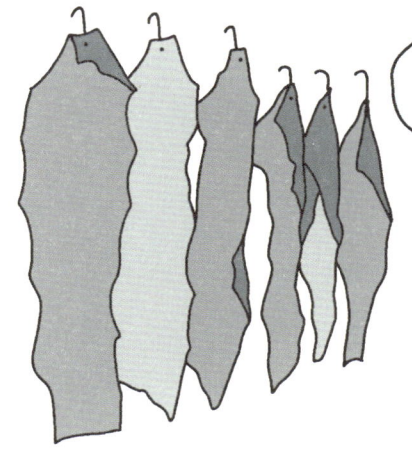

**5** 식물에서 얻은 타닌 추출액을 넣거나, 크롬 등의 여러 가지 화학 물질을 넣은 다음, 가죽과 함께 빙글빙글 돌려요. 이 과정을 '무두질'이라고 해요.

**6** 필요한 색으로 염색해요.

**7** 잘 말린 다음 편평하게 펴요.

**8** 가죽을 자르거나 이어 붙인 다음 틀에 씌워 소파를 만듭니다.

호기심 톡톡!

**무두질은 왜 하는 걸까?**

무두질은 질기면서도 부드러운 가죽을 만드는 데 꼭 필요한 과정이에요. 가죽의 질을 결정하는 중요한 단계이기도 하죠.

무두질을 할 때는 나무의 껍질이나 가지, 뿌리, 열매 따위에 들어 있는 떫은 성분을 뽑아내어 타닌 추출액을 만들어 넣어요. 가죽이 용액을 골고루 흡수하면 가죽의 섬유질 사이에 있던 수분이 사라지고 섬유와 섬유가 결합합니다. 그래서 무두질을 하고 나면 열에 강하면서도 질기고 부드러운 가죽이 만들어져요.

오늘날에는 무두질할 때 여러 가지 화학 물질을 섞어 넣기도 해요. 하지만 이런 화학 물질은 물을 심각하게 오염시킨답니다. 친환경적인 재료로 가죽을 가공하는 건 현재와 미래의 환경을 위해서 꼭 필요한 일이에요.

## 지식 더하기

# 형광등

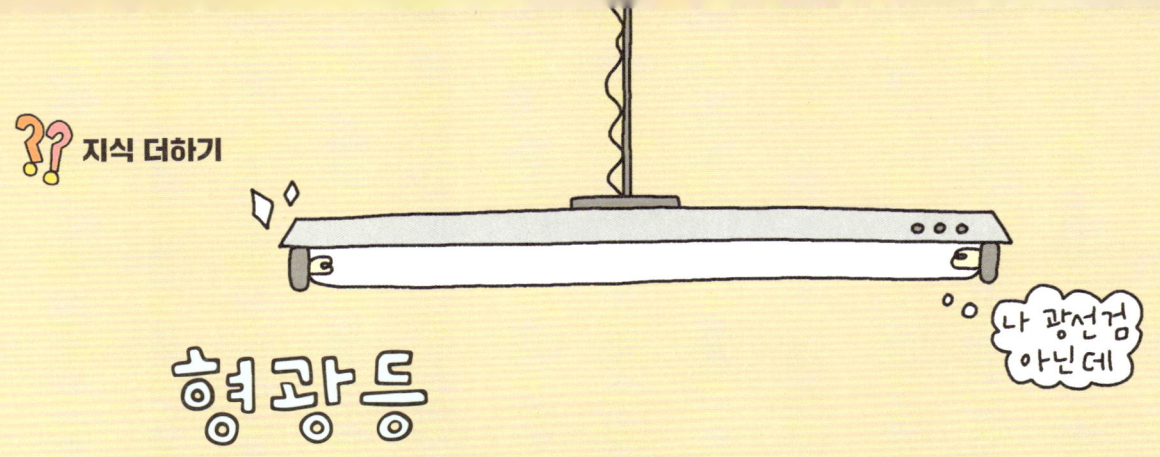

형광등이 빛을 내는 건 수은과 형광 물질이 들어 있기 때문이에요. 보통 때 수은은 작은 액체 방울이에요. 스위치를 켜서 형광등 양쪽의 필라멘트에 불이 들어오면 수은이 증발하면서 기체가 되고, 필라멘트에서 나오

는 전자와 부딪혀요. 이때 수은은 자외선을 내보내죠. 하지만 자외선은 우리 눈에 보이지 않는답니다. 우리가 형광등 빛을 볼 수 있는 건 형광등 안쪽에 형광 물질이 발라져 있기 때문이에요.
형광 물질이 자외선을 받아 우리 눈에 보이는 가시광선을 내보내기 때문에 형광등이 밝은 빛을 내는 거랍니다.

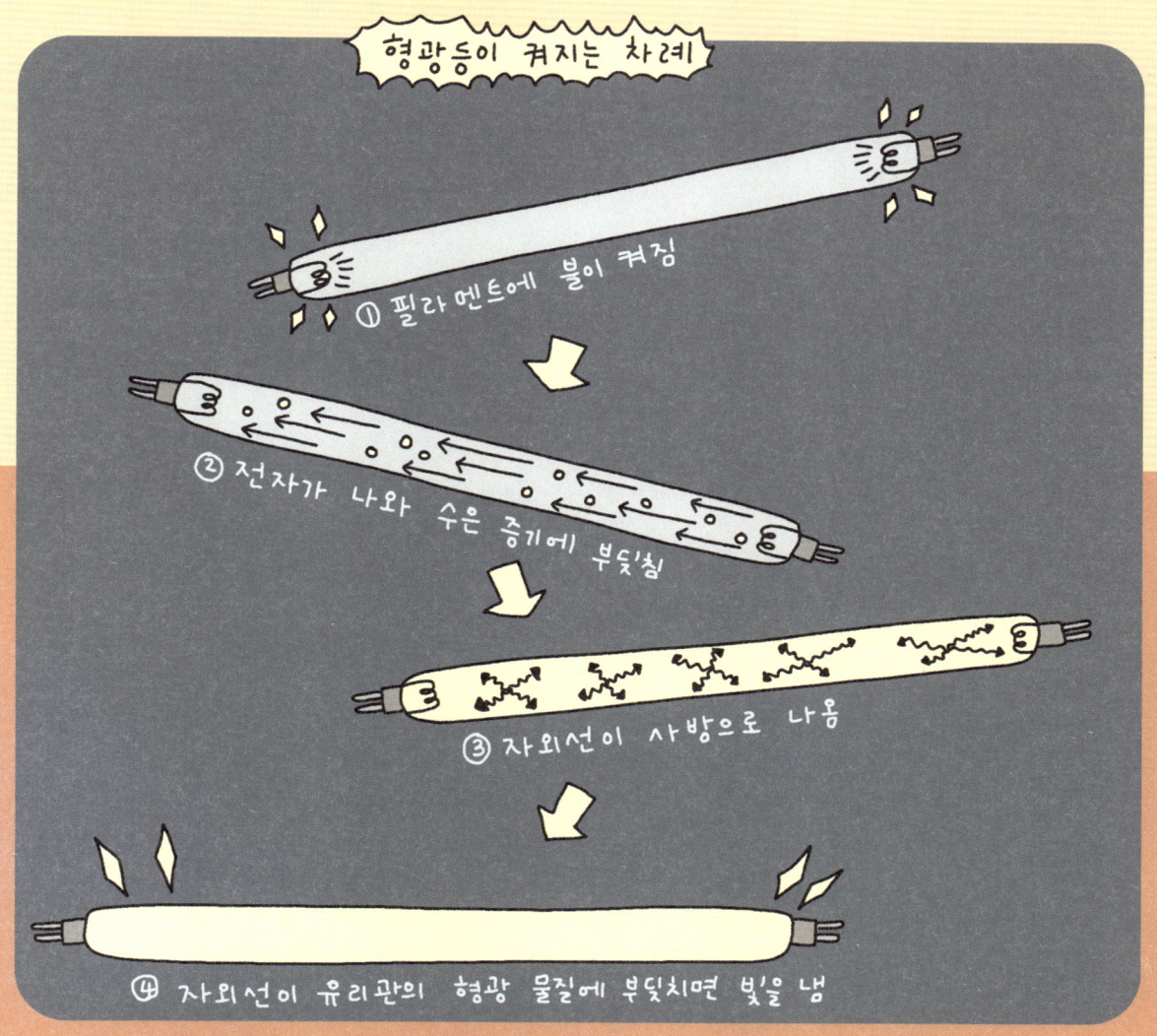

# 칫솔과 치약

우리는 하루 세 번, 3분씩 칫솔과 치약으로 이를 닦아요. 칫솔과 치약이 없던 시대에는 어떻게 이를 닦았을까요? 옛날 우리나라 사람들은 손가락에 굵은 소금을 묻혀서 이를 닦았어요. 이집트 사람들은 화산에서 나온 가벼운 돌가루와 식초를 섞어서 이를 닦았지요. 그리스와 로마 사람들은 곱게 빻은 조개껍데기 가루를 치약 대신 사용했답니다.

칫솔의 시작은 기원전 3500년에 바빌로니아 사람들이 한쪽이 뾰족한 막대기로 이 사이에 낀 음식물을 뺀 것에서 찾을 수 있어요. 15세기 중국에서는 대나무나 동물의 뼛조각에 수퇘지 목 부분의 억센 털을 고정해 칫솔을 만들었어요. 오늘날 우리가 쓰는 나일론 칫솔은 1938년 미국의 듀폰 회사에서 만들었답니다.

**호기심 톡톡!**

**불소가 들어간 치약이 좋을까?**

충치는 어린이뿐 아니라 어른들의 치아 건강을 해치는 질병이에요. 입안에 사는 세균들이 탄수화물을 분해하는 과정에서 젖산이 생기고, 이 젖산이 치아의 겉면을 녹이면서 충치가 생기죠. 충치가 생기지 않도록 예방하는 방법 중 하나는 치아에 불소를 발라 주는 거예요. 불소는 치아 겉면을 단단하게 만들어 준답니다.

불소를 어떻게 바르냐고요? 하루 세 번 이를 닦을 때 불소가 들어 있는 치약을 쓰면 되지요. 치과에 가지 않아도, 불소가 들어 있는 치약으로 이를 닦으면 치아 겉면에 불소를 발라 주는 효과가 있어요.

# 재생비누

비누는 사람들의 삶의 질을 바꿔 놓았어요. 비누로 손을 씻으면 피부에 있는 세균의 99퍼센트를 없앨 수 있거든요. 비누의 발명은 병원균이 퍼져 나가지 않도록 막는 데 큰 역할을 했어요.

비누는 동물이나 식물의 기름으로 만들어요. 부엌에서 요리하고 남은 폐식용유로 세탁비누를 만들기도 하지요. 폐식용유로 비누를 만들면 환경을 깨끗이 하는 데도 도움이 된답니다.

**1** 폐식용유와 수산화나트륨을 준비해요. 수산화나트륨은 피부의 단백질을 녹이는 위험한 물질이에요. 조심해서 다루고, 피부에 닿았을 때는 얼른 물로 씻어 내야 합니다.

**2** 폐식용유에서 이물질을 걸러 내요.

**3** 물 5리터에 수산화나트륨 3킬로그램을 녹여요. 수산화나트륨은 물과 만나면 열을 낸답니다. 그러니까 조금씩 넣으면서 잘 저어야 해요. 한꺼번에 넣으면 열이 너무 많이 나서 위험해요!

**4** 수산화나트륨 물을 폐식용유에 천천히 부으면서 나무 주걱으로 저어 줍니다. 40분 동안 쉬지 않고 저으면 식용유가 노란색에서 하얀색으로 변했다가 다시 흑갈색으로 변하면서 뻑뻑해지기 시작합니다.

**5** 재생비누액을 스티로폼 상자나 플라스틱 통, 우유 팩 등에 부어요. 세 시간이 지나면 알맞은 간격으로 칼금을 그어요. 굳은 다음 자르기 좋도록 하는 거예요.

**6** 7~10일 동안 바람이 잘 통하는 곳에서 말려요.

**호기심 톡톡!**

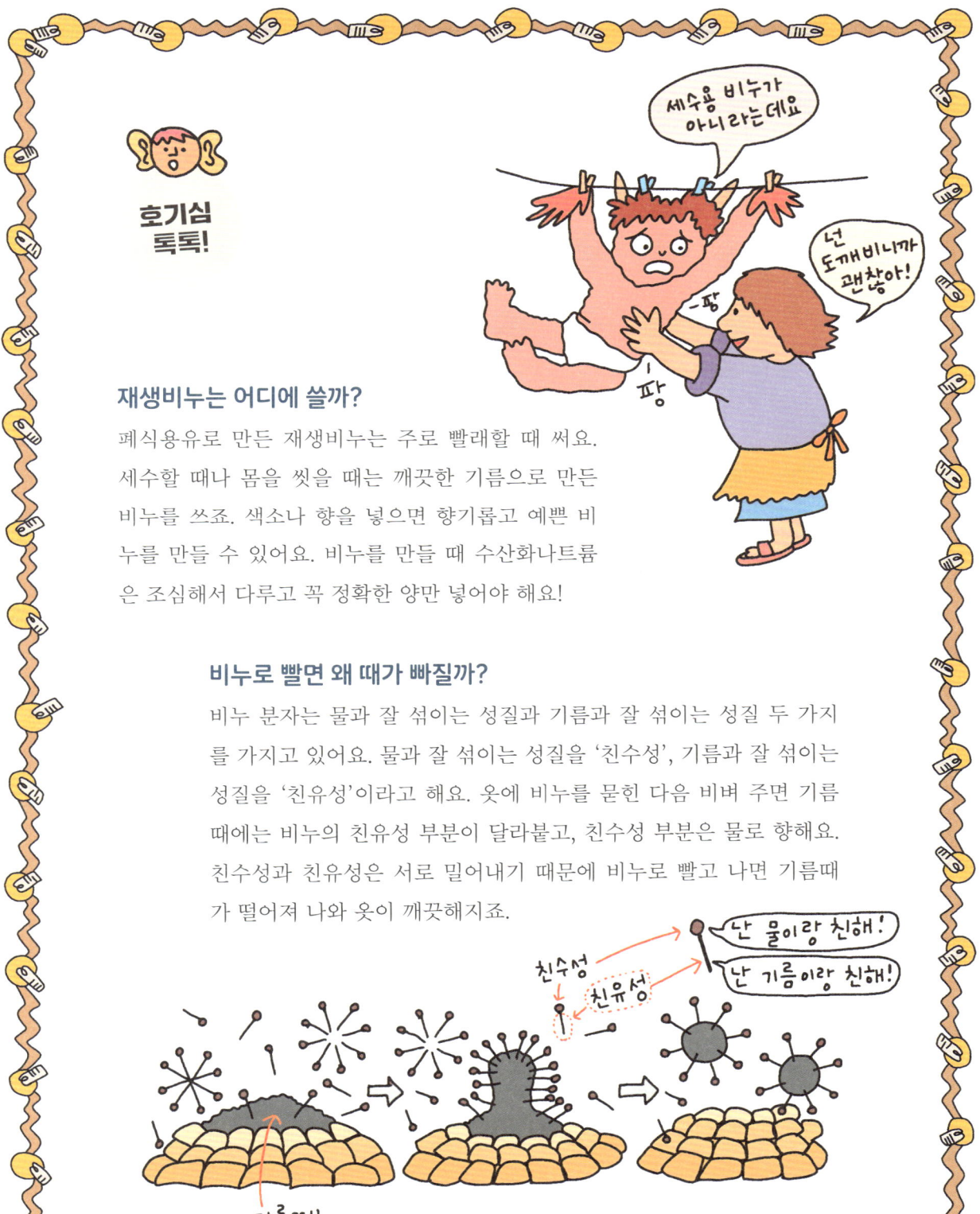

### 재생비누는 어디에 쓸까?

폐식용유로 만든 재생비누는 주로 빨래할 때 써요. 세수할 때나 몸을 씻을 때는 깨끗한 기름으로 만든 비누를 쓰죠. 색소나 향을 넣으면 향기롭고 예쁜 비누를 만들 수 있어요. 비누를 만들 때 수산화나트륨은 조심해서 다루고 꼭 정확한 양만 넣어야 해요!

### 비누로 빨면 왜 때가 빠질까?

비누 분자는 물과 잘 섞이는 성질과 기름과 잘 섞이는 성질 두 가지를 가지고 있어요. 물과 잘 섞이는 성질을 '친수성', 기름과 잘 섞이는 성질을 '친유성'이라고 해요. 옷에 비누를 묻힌 다음 비벼 주면 기름때에는 비누의 친유성 부분이 달라붙고, 친수성 부분은 물로 향해요. 친수성과 친유성은 서로 밀어내기 때문에 비누로 빨고 나면 기름때가 떨어져 나와 옷이 깨끗해지죠.

# 운동화

운동화는 운동할 때 신는 신발이에요. 어떤 운동을 하느냐에 따라 필요한 기능이 다르기 때문에 러닝화, 축구화, 농구화, 테니스화 등 여러 종류의 운동화가 만들어지고 있어요. 운동화를 만들 때는 발의 인체공학적인 면을 먼저 생각해요. 예를 들어 피부에 닿는 부분에는 천연 가죽이나 천연 섬유를 써서 발에 무리를 주지 않고, 무게도 가볍게 만들죠.

**1** 천연 가죽, 인조 가죽, 천연 섬유, 인공 섬유 등 필요한 재료를 준비해요.

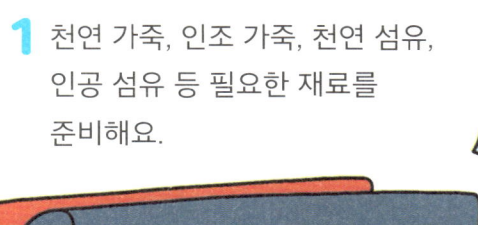

**2** 재료를 알맞은 모양으로 잘라요. 운동화를 만들 때는 기계로 한꺼번에 여러 장을 자른답니다. 똑같은 제품을 많이 만들기 때문이에요.

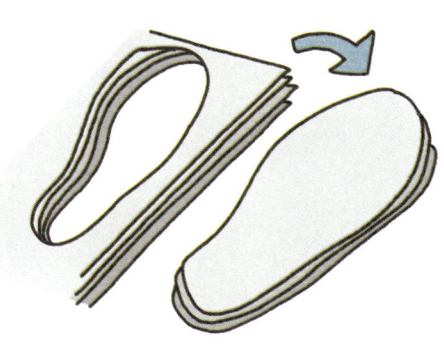

**3** 자른 조각들을 실로 꿰매서 이어 붙여요. 디자인에 따라 글씨나 모양을 수놓기도 하고, 접착제로 붙이기도 해요.

**4** 운동화가 오래갈 수 있도록 앞부분과 뒷부분에 보강재를 넣어요.

**5** 운동화 밑창과 깔창을 붙여요. 땅바닥에 닿는 밑창은 천연고무나 합성고무로 만들고, 신발 안쪽에서 발에 직접 닿는 깔창은 부드러운 재료로 만들어요.

**6** 윗부분을 운동화 틀에 고정한 다음, 밑창과 붙여요. 꿰매거나 접착제를 이용합니다.

**7** 접착제가 마르고 나면, 운동화 틀을 빼내고 끈을 끼워요.

 **호기심 톡톡!**

### 종이로 운동화를 만든다고?

오늘날 만들어지는 운동화에는 여러 가지 첨단 재료가 쓰여요. 그중 '타이벡'이라는 합성수지는 종이처럼 얇지만 잘 찢어지지 않고, 물은 통과시키지 않지만 공기는 통과시켜요. 이런 성질 때문에 건물 바깥벽에 방수용으로 붙이거나 포장지로 쓰기도 하죠. 타이벡으로 만들어진 운동화는 아주 가벼워서 신발 한 짝의 무게가 100그램밖에 안 된답니다.

# 구두

구두는 대개 가죽으로 만들어요. 딱딱하고 두꺼운 밑창과 굽이 있는 구두는 14~15세기에 처음 만들어졌어요. 중세 시대에는 짐승 가죽을 발에 감싸고 발목 주위를 묶어서 발을 보호했어요. 오늘날의 구두는 발을 보호할 뿐 아니라, 멋을 내는 도구로 쓰여요. 그래서 단순한 디자인부터 다양한 무늬와 장식을 달아 화려하게 만든 것까지, 다양한 구두가 만들어지고 있답니다.

1 구두는 소, 양, 염소 등 여러 동물의 가죽으로 만들어요. 악어, 뱀 같은 파충류 가죽으로 구두를 만들기도 하죠. 오늘날에는 인조 가죽도 많이 쓰이고 있어요.

2 구두 모양이나 발 크기에 따라 가죽을 자릅니다.

3 구멍을 뚫거나 다른 가죽을 덧대어 무늬를 넣어요.

4 가죽 안쪽에 안감을 대고 바느질을 합니다.

5 구두 모양이 망가지지 않도록 앞부분과 뒷부분에 보강재를 덧붙여요.

### '구두'라는 말은 일본어에서 왔어!

우리나라에서는 발에 신는 모든 것을 '신'이라고 불렀어요. 만드는 재료에 따라 나막신, 짚신, 고무신, 가죽신 등의 이름을 붙였지요. 처음 구두가 들어온 1880년대에는 '서양에서 들어온 신발'이라는 뜻으로 구두를 양혜(洋鞋) 또는 양화(洋靴)라고 불렀어요. 일제 시대에 서양 의복이 들어오고 굽이 있는 신발을 많이 신게 되자, 사람들은 이 신발을 '구쓰'라고 불렀어요. 구쓰(くつ)는 일본말로 '신발'이라는 뜻이랍니다. 오늘날 우리가 쓰는 '구두'라는 말은 '구쓰'가 변화된 거예요.

### 구두에 숨겨진 과학

좋은 구두가 되려면 무엇보다 발이 편해야 해요. 사람들은 구두 안의 깔창 하나를 만들 때도 서 있을 때 무게가 쏠리는 부분이 어디인지, 걸을 때 힘을 가장 많이 받는 부분이 어디인지 등을 인체공학적으로 연구한답니다. 그 밖에도 깔창의 두께, 앞과 뒤에 얼마나 여유를 둘 것인지, 습기가 차지 않는 재료는 무엇인지 등을 종합적으로 연구해서 구두를 만들어요.

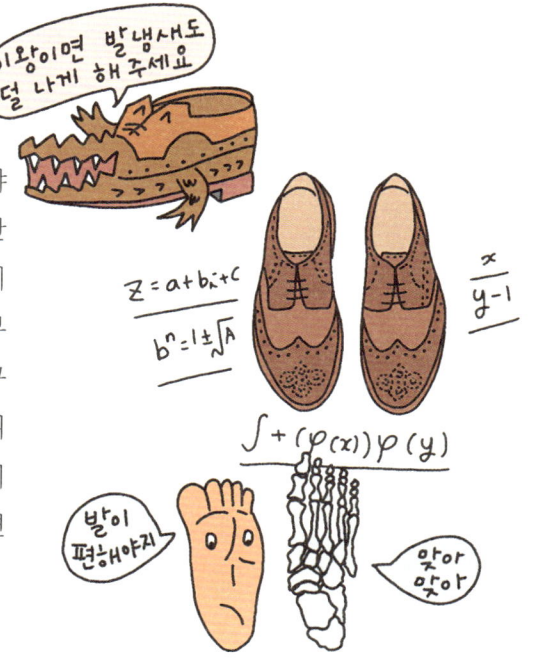

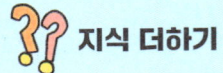 지식 더하기

# 온돌

온돌은 삼국 시대 이전부터 쓰인 우리나라 고유의 난방 구조예요. 방을 만들 때는 긴 구덩이(고래)를 여러 개 판 다음, 그 위에 편평한 돌(구들장)을 놓았어요. 빈틈은 진흙으로 메워 방바닥을 만들었지요. 고래 앞에는 아궁이를, 뒤쪽에는 굴뚝을 내어 아궁이의 연기가 돌을 고루 데운 다음 굴뚝으로 빠져나가도록 했어요.

돌은 잘 식지 않기 때문에 한번 불을 때면 오랫동안 방 전체가 따뜻해요. 구들을 놓을 때는 아궁이와 가까운 아랫목 쪽은 두껍게 만들고 윗목 쪽은 얇게 만들어요. 그러면 방바닥 전체가 골고루 따뜻하답니다.

# 기와

기와는 지붕을 덮는 재료 중 하나예요. 흙으로 빚은 다음 가마에 구워서 만들지요. 우리나라에서는 삼국 시대부터 기와를 썼답니다.

기와로 지붕을 이을 때는 암키와를 지붕 꼭대기에서 처마까지 나란히 쌓아야 해요. 그런 다음 두 개의 암키와 사이에 수키와를 얹어요. 궁궐이나 절의 기와지붕에는 처마 끝에 장식이 있는 기와를 얹어요. 이를 '막새'라고 하지요. 암키와에 붙은 막새를 암막새, 수키와에 붙은 막새를 수막새라고 한답니다. 기와는 수확이 끝난 다음 물을 뺀 논에서 흙을 가져다가 만들어요.

지붕이 완성되려면 기와가 많이 필요해

← 수키와
← 암키와
수막새
암막새

**1** 논바닥으로부터 50~100센티미터 아래에 있는 흙을 파냅니다. 흙 색깔에 따라 점토의 비율을 조절해요.

**2** 흙을 잘게 부수고 물을 부어 밟으면서 고르게 이겨요.

**3** 잘 이겨진 흙을 차곡차곡 쌓아서 흙더미를 만들어요.

**4** 흙더미 양쪽에 판자를 대고 철사로 진흙을 잘라요. 일정한 두께의 흙 판을 만드는 거예요.

**5** 원통에 베를 감은 다음, 흙 판을 붙여요.

**6** 원통 모양의 진흙을 잘라요. 암키와는 네 장, 수키와는 두 장으로 자릅니다.

**7** 미리 만들어 둔 틀에 진흙 덩어리를 넣고 눌러서 암막새와 수막새 문양을 만듭니다.

**8** 막새 뒷부분에 홈을 파서 암키와 또는 수키와를 붙입니다.

**9** 그늘에 말린 다음 가마에 넣고 구워요.

**호기심 톡톡!**

**처마 길이에도 과학이 숨어 있어!**

우리나라는 사계절의 변화가 뚜렷해요. 지구가 기울어져서 태양 주위를 공전하기 때문이죠. 태양과의 거리가 가장 가까운 여름에는 태양이 높이, 뜨겁게 내리쬐고, 태양과의 거리가 가장 먼 겨울에는 태양이 낮게, 은은한 빛을 비춥니다. 여름에 태양이 가장 높이 떠 있는 고도는 77도예요. 머리 바로 위에서 태양이 내리쬐는 것이죠. 겨울에는 약 30도로 비스듬하게 햇빛이 비춰요. 우리나라 한옥의 처마 길이는 이런 계절 특색을 생각해서 만들어졌어요. 기둥의 아랫부분과 처마 끝을 이으면 기둥과의 각도가 약 30도인 걸 알 수 있어요. 처마가 적당히 튀어나와 있어서 한여름의 뜨거운 햇빛은 방 안까지 들어오지 않아요. 하지만 한겨울에는 방 안쪽 깊숙이 햇빛이 들어와 따뜻하답니다. 처마 길이 하나에도 사계절의 변화를 고려한 과학이 담겨 있는 거예요.

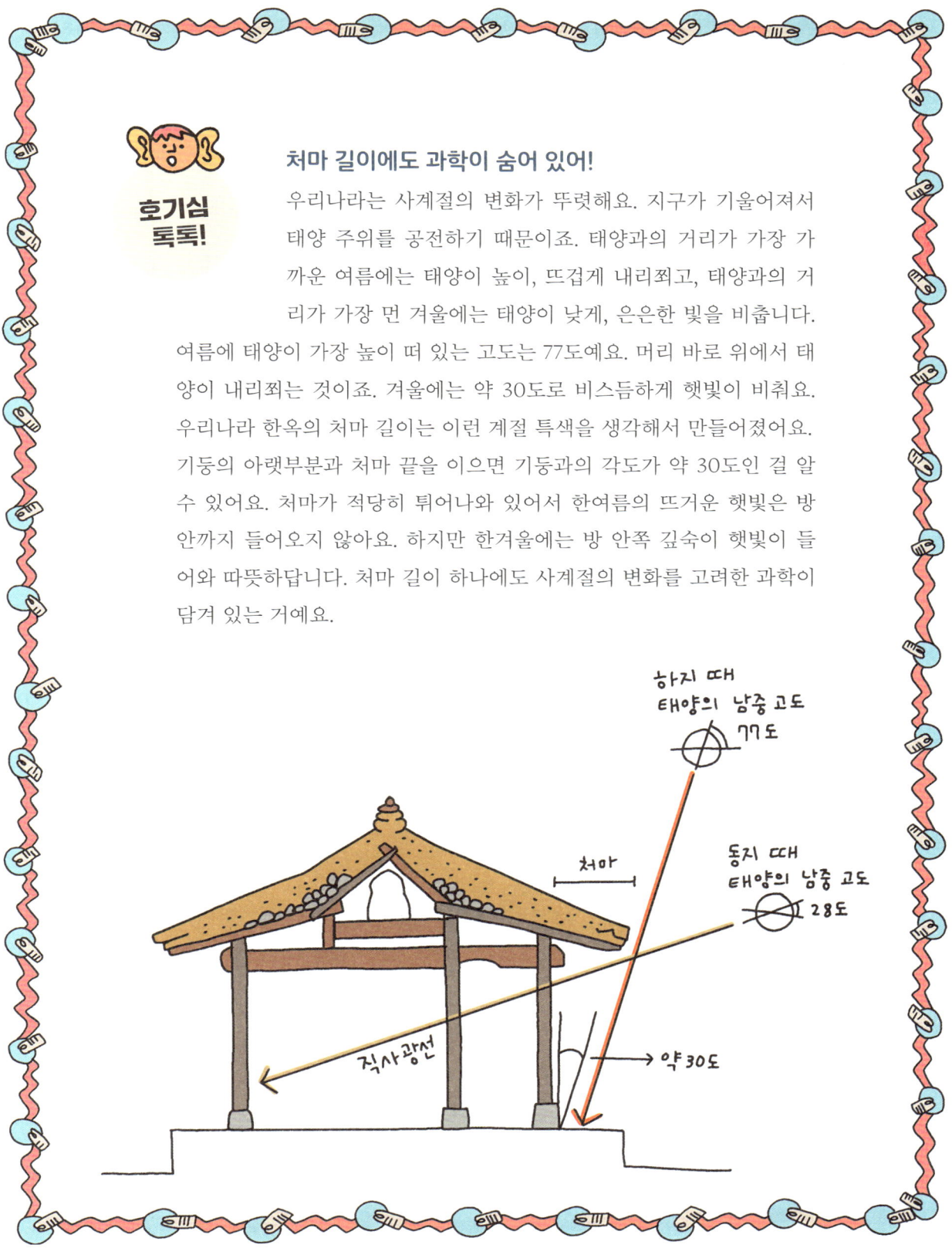

# 알루미늄 새시

알루미늄은 매우 가볍고 튼튼한 금속이에요. 알루미늄에 다른 금속을 섞어서 만든 합금은 비행기 재료로도 많이 쓰인답니다. 비행기를 만드는 재료의 절반 이상은 알루미늄이에요. 그 밖에도 알루미늄은 우리 주변 곳곳에서 활용되고 있어요. 잘 펴지거나 늘어나는 성질을 이용한 알루미늄포일, 전기가 잘 통하는 성질을 이용한 고압 전선, 열이 잘 통하는 성질을 이용한 주방 용품도 있어요. 집의 새시도 알루미늄으로 만든 것이 많아요. 알루미늄은 녹슬지 않을 뿐 아니라, 불에 타지 않아서 화재 때도 독한 연기를 만들지 않는 장점이 있답니다.

모두 내 덕분이지

**4** 알루미늄을 굳혀서 알루미늄 판이나 덩어리를 만들어요.

**5** 알루미늄 공장에서는 알루미늄 덩어리를 용광로에 넣고 녹인 다음, 원하는 모양의 틀에 넣고 식혀요.

**호기심 톡톡!**

**알루미늄은 가장 늦게 발견된 금속이야!**

알루미늄은 지구를 이루는 원소 가운데 가장 양이 풍부해요. 하지만 알루미늄이 발견된 건 1808년에 이르러서였어요. 알루미늄의 원료인 보크사이트는 녹는점이 2000도가 넘기 때문에 용광로에서 녹이기가 어려워요. 그래서 알루미늄은 발견되고도 한참이 지난 1886년에 이르러서야 금속으로 사용될 수 있었답니다.

# 스티로폼

집을 지을 때는 벽면과 벽돌 사이나 천장에 단열재를 붙여요. 단열재는 겨울철에는 집 안의 열이 빠져나가지 않도록 하고, 여름철에는 더운 기운이 집 안으로 들어오지 못하도록 해요. 열이 잘 전달되지 않는 스티로폼은 가장 흔하게 쓰이는 단열재랍니다.

사실 스티로폼은 플라스틱의 한 종류예요. 정확한 이름은 '발포 폴리스티렌'이랍니다. 스티로폼은 원래 상표 이름인데, 널리 쓰이다 보니 발포 폴리스티렌을 가리키는 대명사가 되었어요.

**1** 원유에서 얻은 '스티렌'과 여러 가지 물질을 섞어서 높은 온도로 가열하면 폴리스티렌이 돼요.

**2** 폴리스티렌에 가스를 넣어서 작은 구슬 모양으로 만들어요.

**3** 폴리스티렌 구슬을 기계에 넣고 공기를 불어 넣으면서 가열해요. 옥수수 알갱이로 뻥튀기를 만드는 것과 같은 원리랍니다.

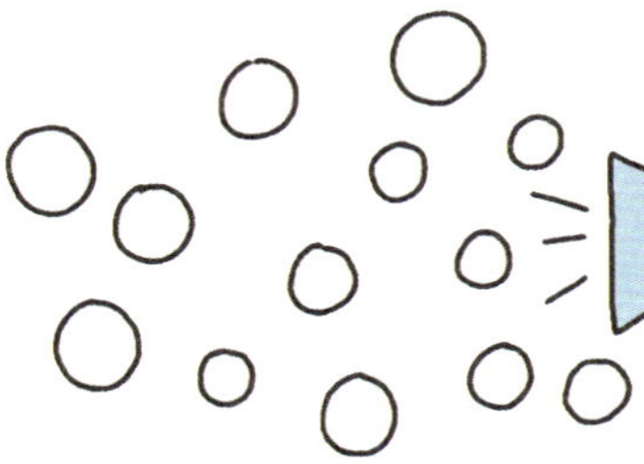

**4** 덩치가 커진 폴리스티렌 구슬을 원하는 모양의 틀에 넣고 눌러요.

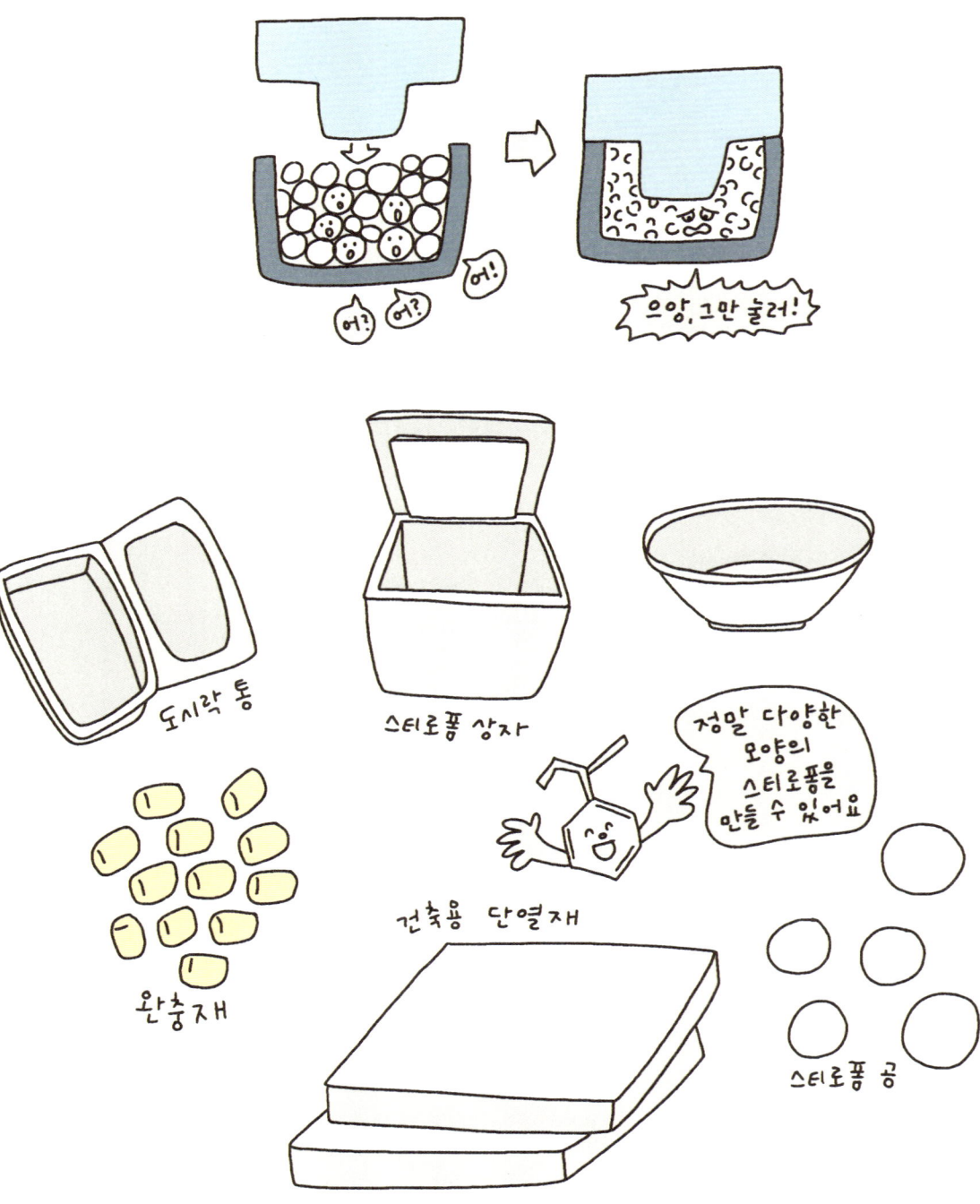

**호기심 톡톡!**

### 스티로폼이 플라스틱이라고?

스티로폼은 전체의 약 98%가 공기로 이루어진 아주 가벼운 플라스틱이에요. 스티로폼은 열을 잘 전달하지 않아서, 아이스크림이나 생선 등 온도 변화에 민감한 음식을 운반할 때 보온재로 쓰여요. 또한 가볍고 충격의 강도를 약하게 만드는 장점이 있기 때문에 가전제품이나 유리그릇 등 깨지기 쉬운 물건을 포장하는 포장재로 쓰여요. 자전거 등을 탈 때 쓰는 안전 헬멧 안에도 스티로폼이 들어 있어요.

# 시멘트

시멘트는 현대 사회에서 아주 중요한 건축 재료예요. 시멘트와 모래를 섞어서 벽돌을 만들고, 시멘트와 모래, 물을 섞어서 벽돌과 벽돌 사이를 잇는 접착제로 쓰죠. 시멘트와 자갈, 모래, 물을 섞어서 콘크리트를 만들기도 해요. 시멘트는 고대 그리스와 로마 시대 때부터 쓰였는데, 그때는 석회와 화산재를 섞어서 시멘트를 만들었다고 해요. 오늘날에는 석회와 점토, 석고를 섞어서 시멘트를 만든답니다.

시멘트의 주된 원료는 석회석이에요. 우리나라에서는 강원도에서 석회석이 많이 나와요.

**1** 광산에서 캔 석회석을 공장으로 옮겨요.

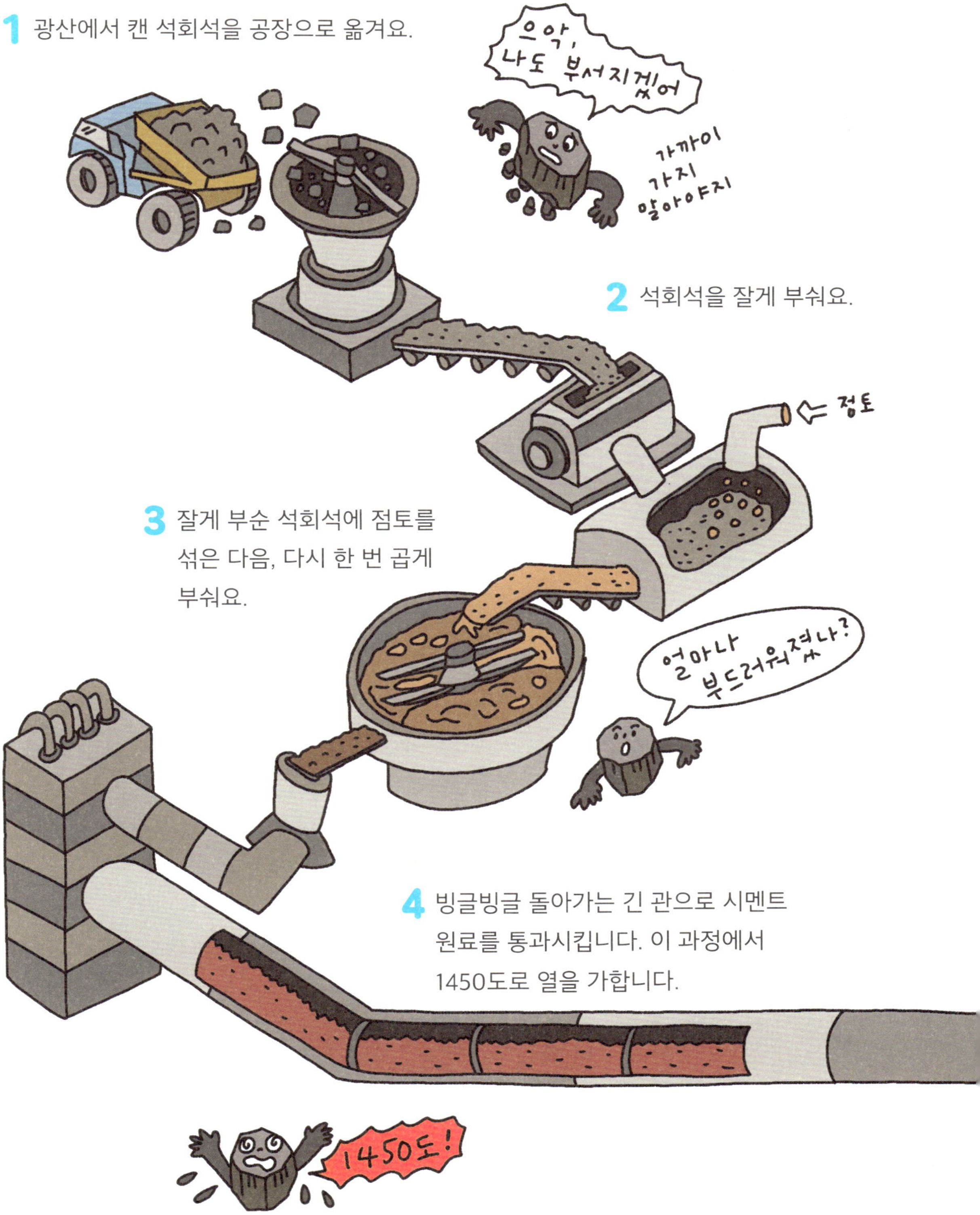

**2** 석회석을 잘게 부숴요.

**3** 잘게 부순 석회석에 점토를 섞은 다음, 다시 한 번 곱게 부숴요.

**4** 빙글빙글 돌아가는 긴 관으로 시멘트 원료를 통과시킵니다. 이 과정에서 1450도로 열을 가합니다.

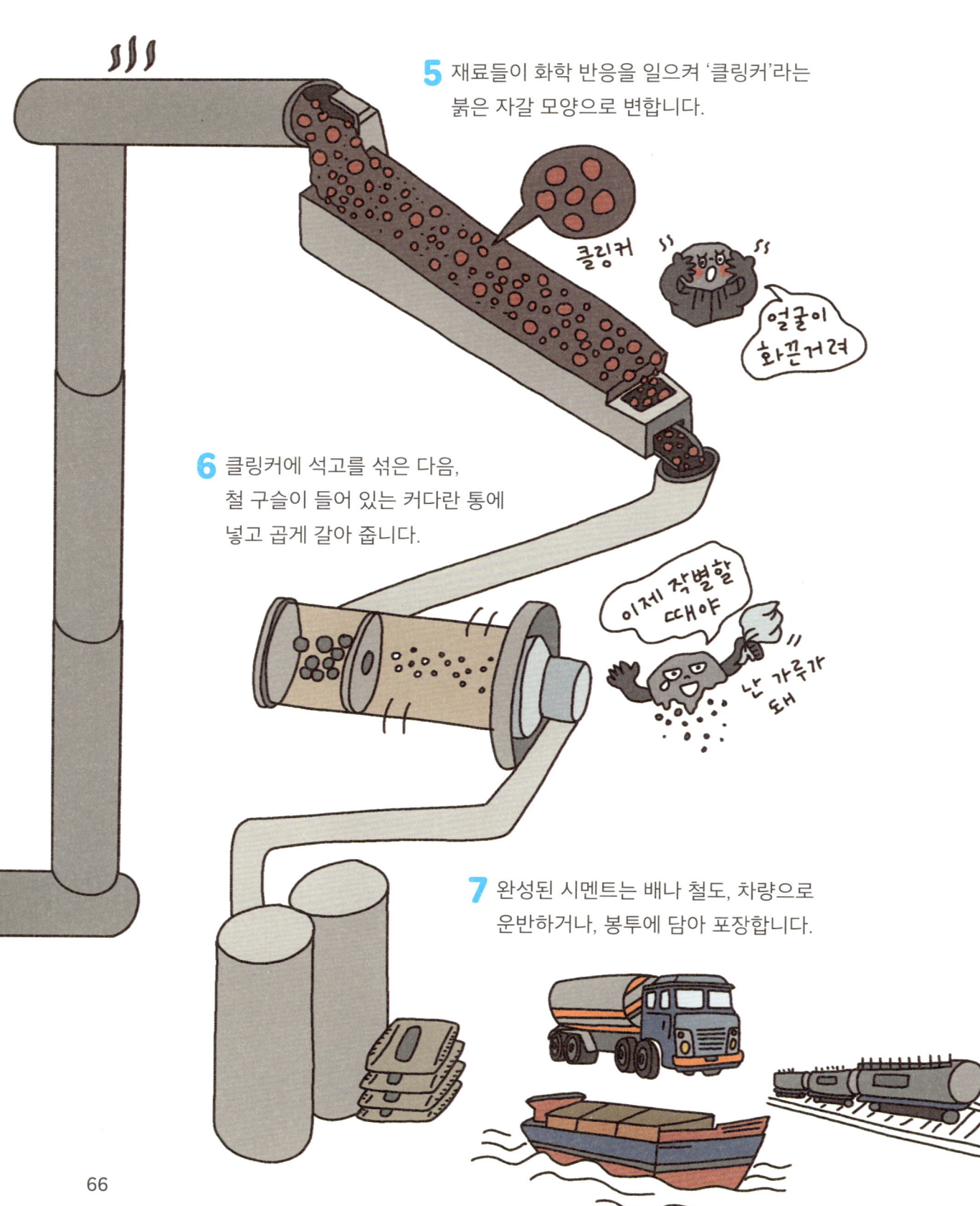

**호기심 톡톡!**

### 우리는 시멘트 안에서 살고 있어!

오늘날 우리가 살고 있는 모든 집에는 시멘트가 들어 있어요. 건물을 지을 때 시멘트는 벽과 천장을 이루거나 재료와 재료 사이를 잇는 접착제 역할을 한답니다.

건축가들은 철근으로 뼈대를 만든 다음 그 위에 콘크리트를 부어서 튼튼하고 큰 건물을 만들어요. 이때 콘크리트는 크고 작은 자갈과 모래, 그리고 시멘트와 물을 섞어서 만들죠. 그 외에도 보도블록, 아파트 앞 화단, 욕실 타일 등에도 시멘트가 쓰인답니다. 우리는 매순간 시멘트와 함께하고 있어요. 시멘트 위에서 걷고 뛰고 먹고 자면서 생활하고 있는 것이죠.

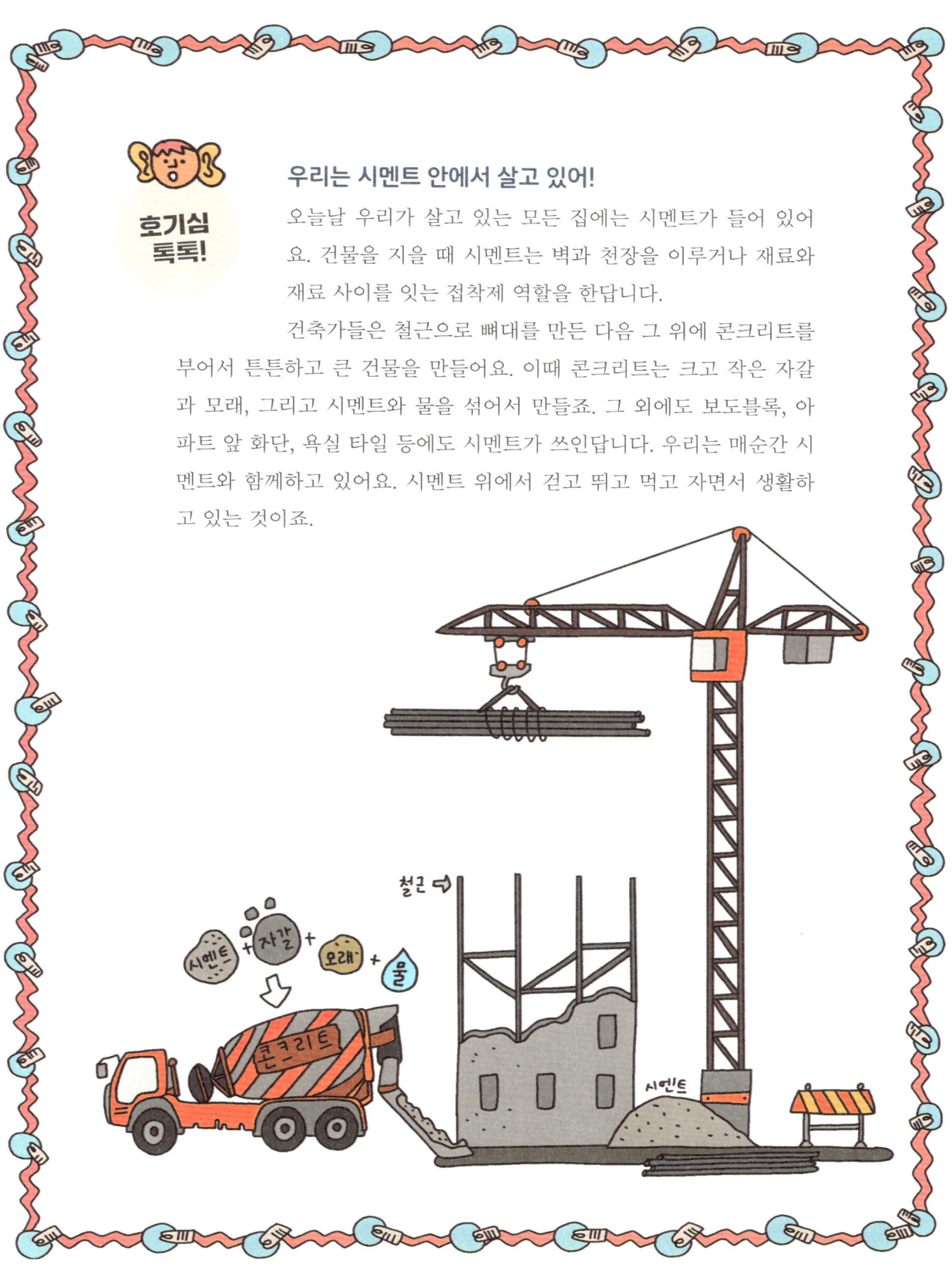

# 철근

철은 우리 인류에게 없어서는 안 되는 중요한 금속이에요. 망치, 삽과 같은 간단한 도구부터 자동차, 배, 비행기, 건물, 여러 생활용품에 이르기까지 철은 수많은 곳에 이용되고 있어요. 자연 그대로일 때 철광석은 산소와 결합된 산화철의 모습이에요. 우리가 쓰는 순수한 철을 얻으려면 철광석을 온도가 매우 높은 용광로에 넣고 화학 반응을 일으켜 순수한 철만 분리해야 한답니다.

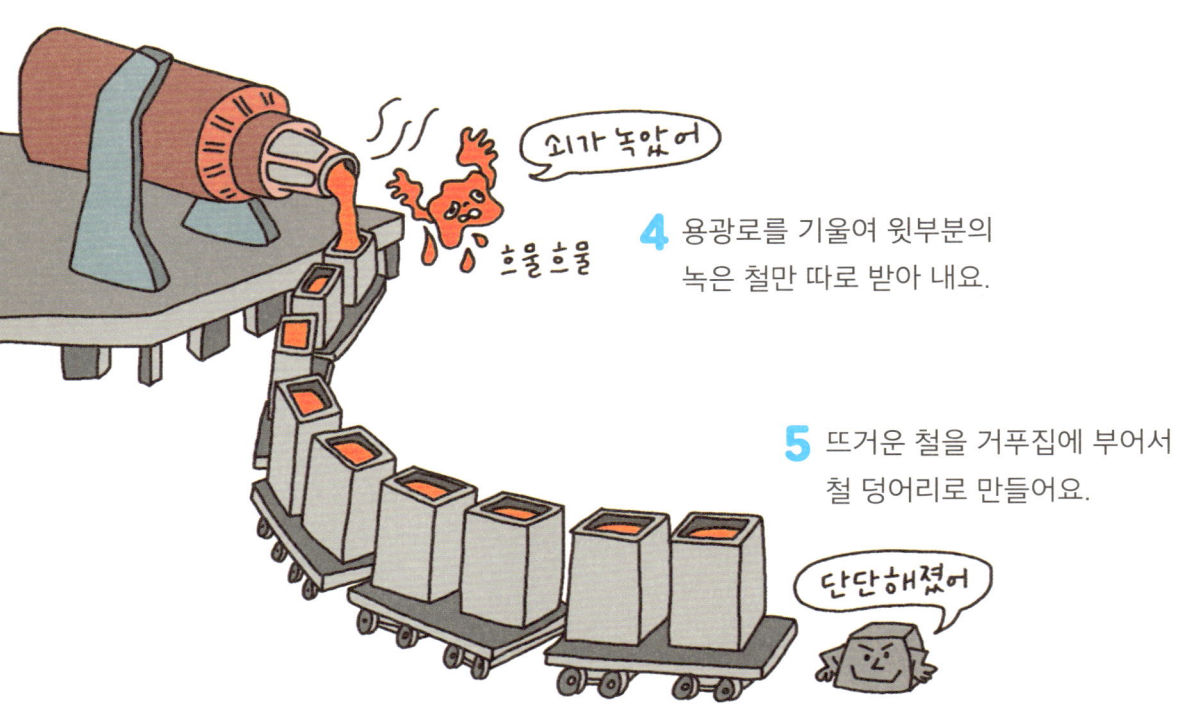

**4** 용광로를 기울여 윗부분의 녹은 철만 따로 받아 내요.

**5** 뜨거운 철을 거푸집에 부어서 철 덩어리로 만들어요.

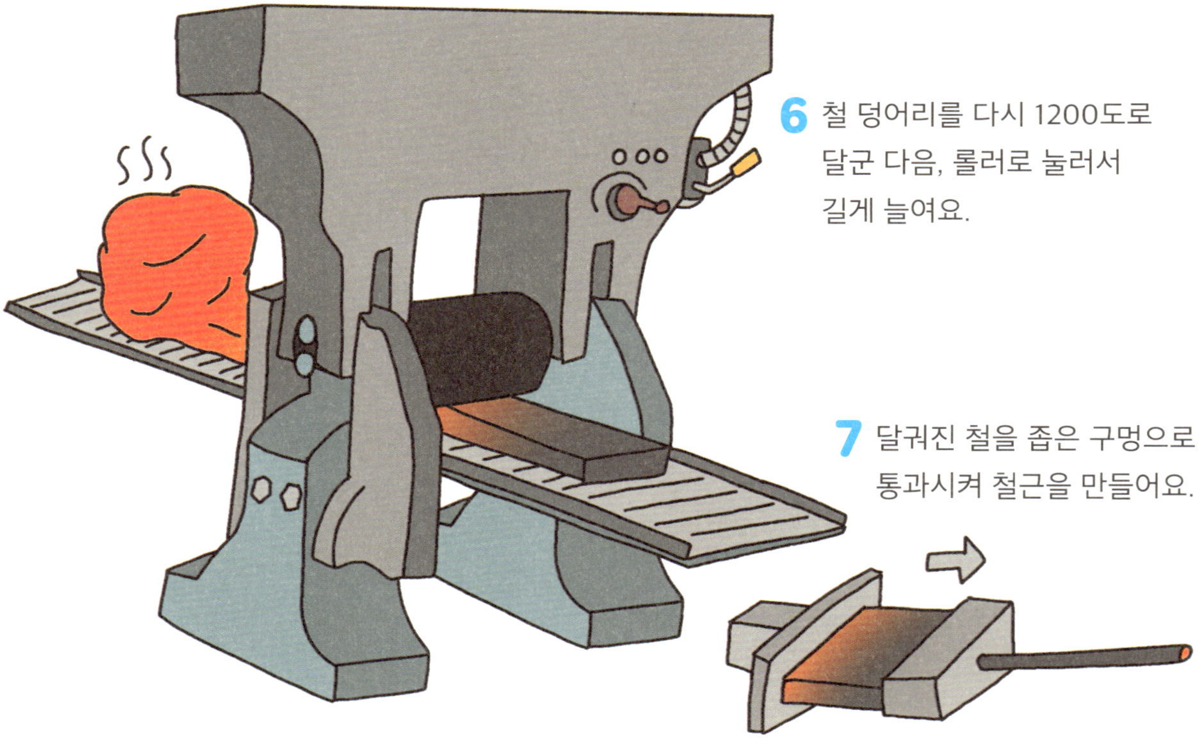

**6** 철 덩어리를 다시 1200도로 달군 다음, 롤러로 눌러서 길게 늘여요.

**7** 달궈진 철을 좁은 구멍으로 통과시켜 철근을 만들어요.

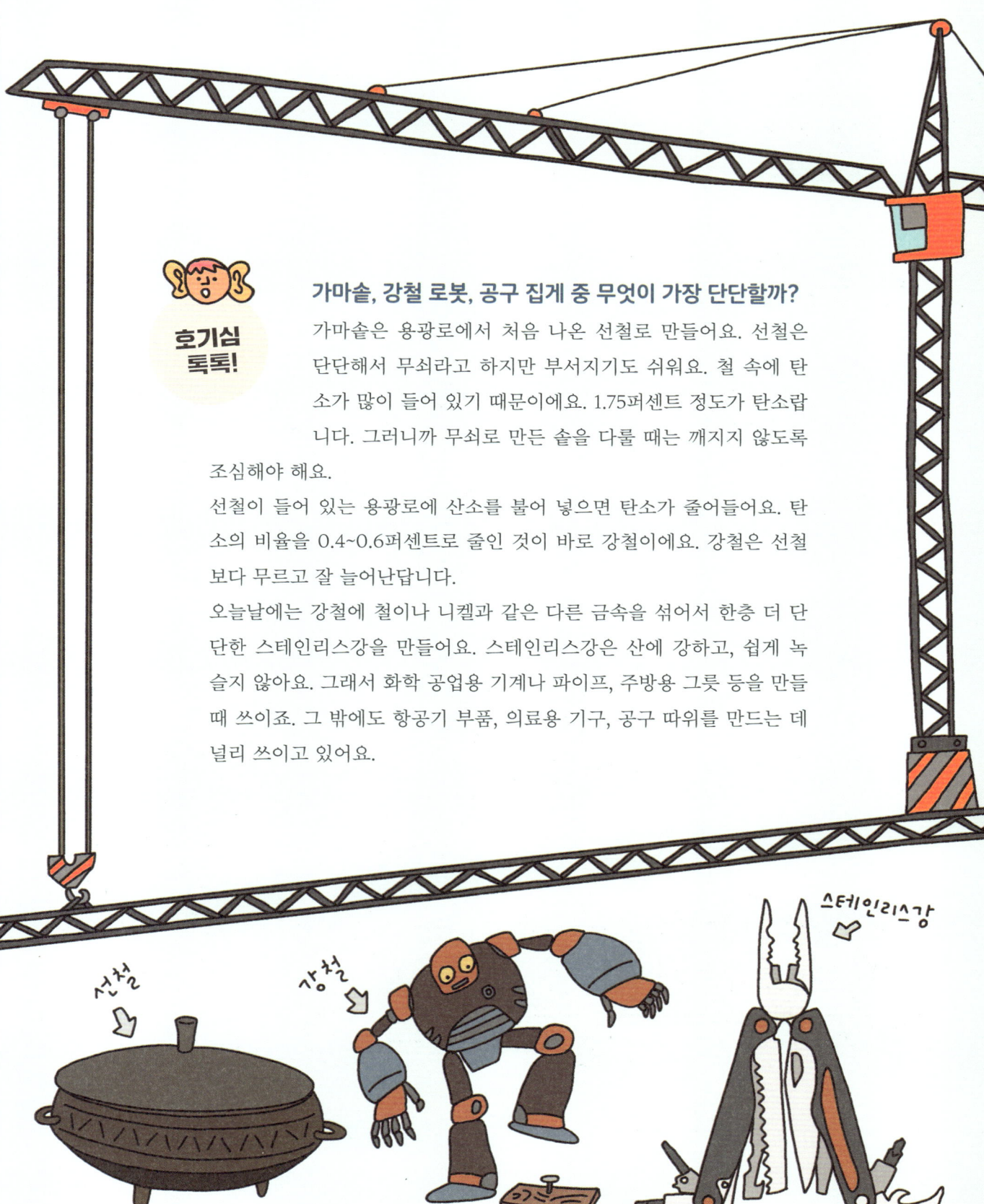

**호기심 톡톡!**

**가마솥, 강철 로봇, 공구 집게 중 무엇이 가장 단단할까?**

가마솥은 용광로에서 처음 나온 선철로 만들어요. 선철은 단단해서 무쇠라고 하지만 부서지기도 쉬워요. 철 속에 탄소가 많이 들어 있기 때문이에요. 1.75퍼센트 정도가 탄소랍니다. 그러니까 무쇠로 만든 솥을 다룰 때는 깨지지 않도록 조심해야 해요.

선철이 들어 있는 용광로에 산소를 불어 넣으면 탄소가 줄어들어요. 탄소의 비율을 0.4~0.6퍼센트로 줄인 것이 바로 강철이에요. 강철은 선철보다 무르고 잘 늘어난답니다.

오늘날에는 강철에 철이나 니켈과 같은 다른 금속을 섞어서 한층 더 단단한 스테인리스강을 만들어요. 스테인리스강은 산에 강하고, 쉽게 녹슬지 않아요. 그래서 화학 공업용 기계나 파이프, 주방용 그릇 등을 만들 때 쓰이죠. 그 밖에도 항공기 부품, 의료용 기구, 공구 따위를 만드는 데 널리 쓰이고 있어요.

# 수돗물

수돗물은 인류 역사에서 가장 획기적인 발명품 중 하나로 꼽혀요. 수돗물이 발명된 후로 사람들의 위생은 놀라울 정도로 좋아졌답니다. 병에 걸리는 비율도 낮아졌죠. 물은 부피가 크고 무거워서 많은 양을 운반하거나 보관하기가 어려워요. 수도는 바로 이 문제점을 해결했답니다.

우리가 씻고, 먹고, 요리하는 데는 물이 필요해요. 한국수자원공사에 따르면, 우리나라 사람들이 가정에서 하루 동안 쓰는 물은 한 사람당 평균 287리터라고 해요. 2리터짜리 커다란 페트병에 담긴 물이 140개도 넘게 필요하다는 뜻이죠.

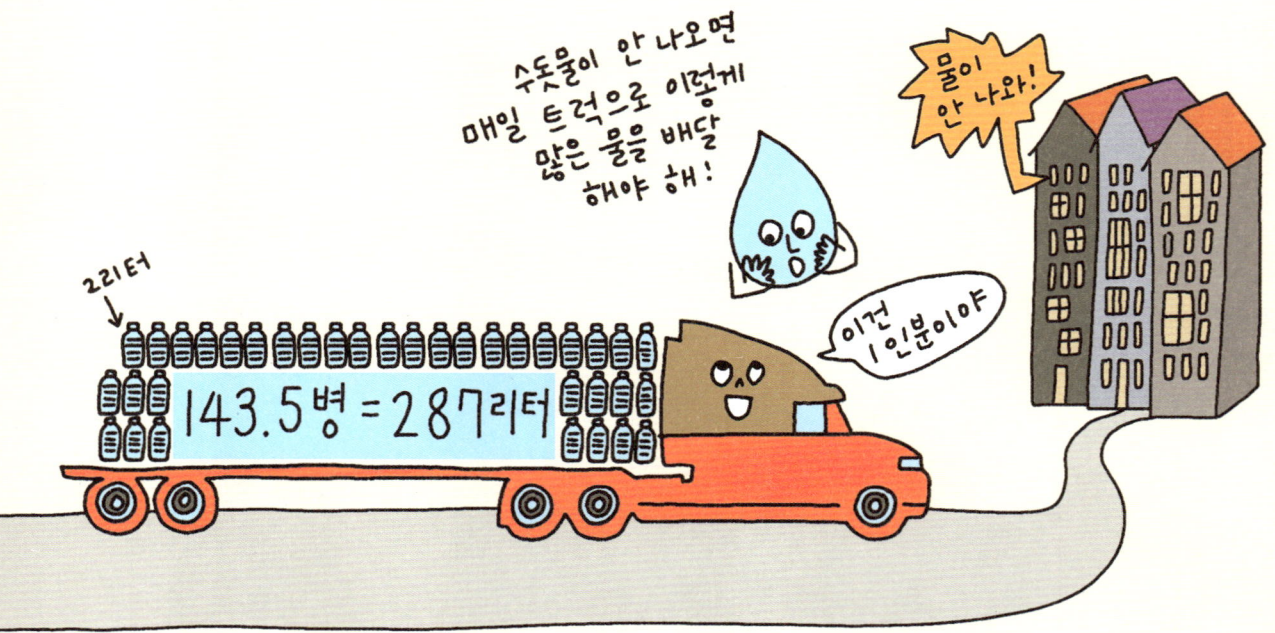

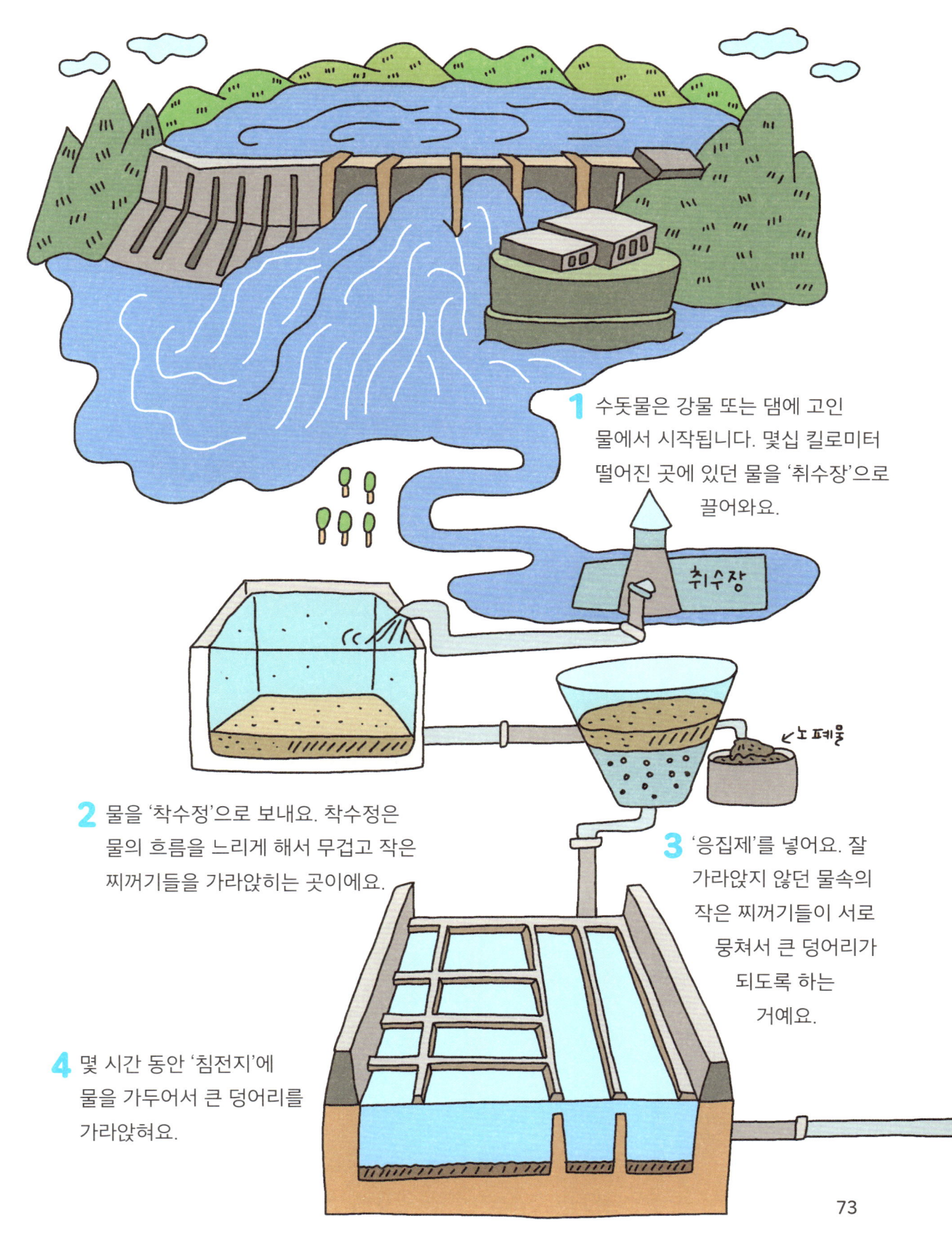

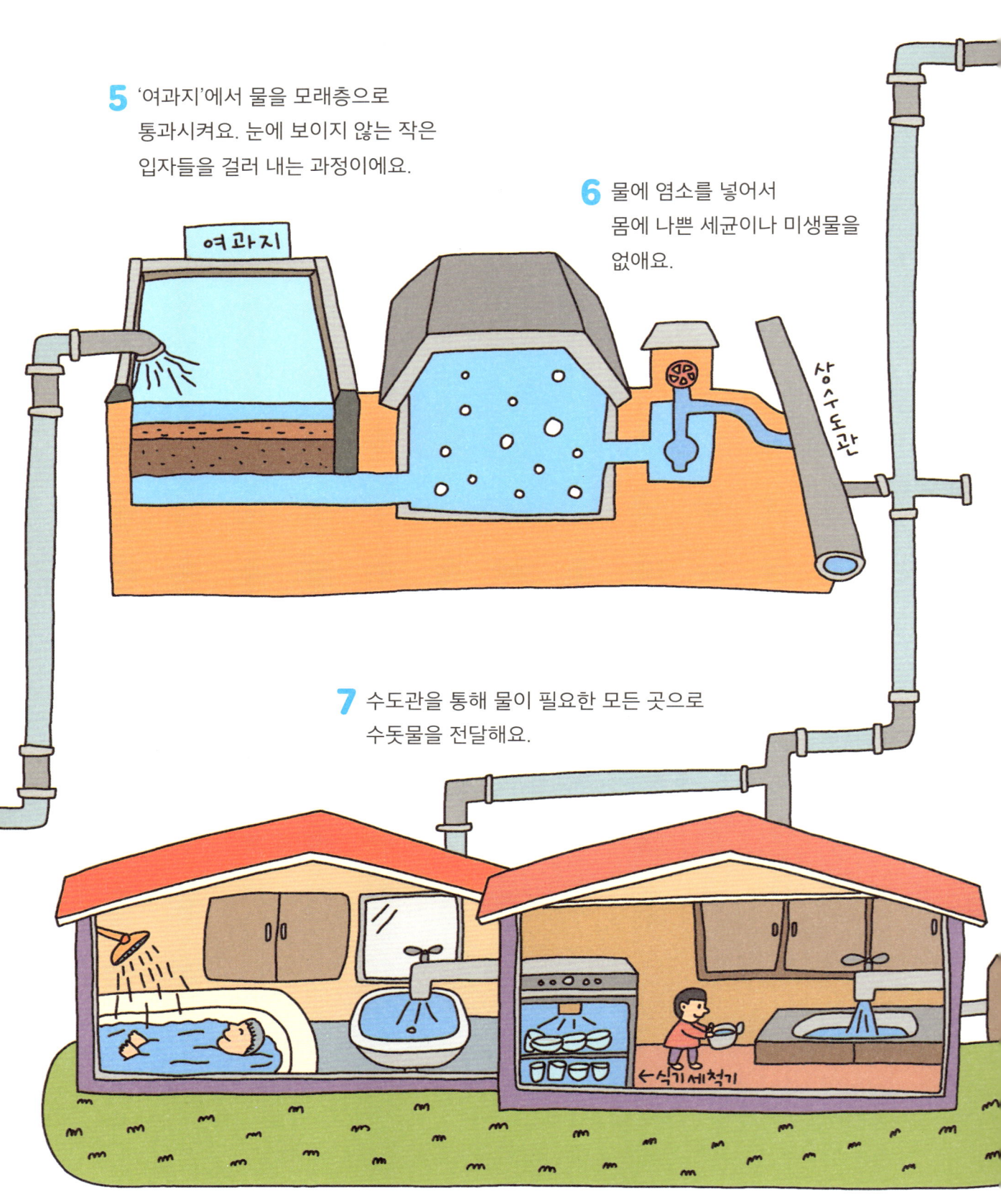

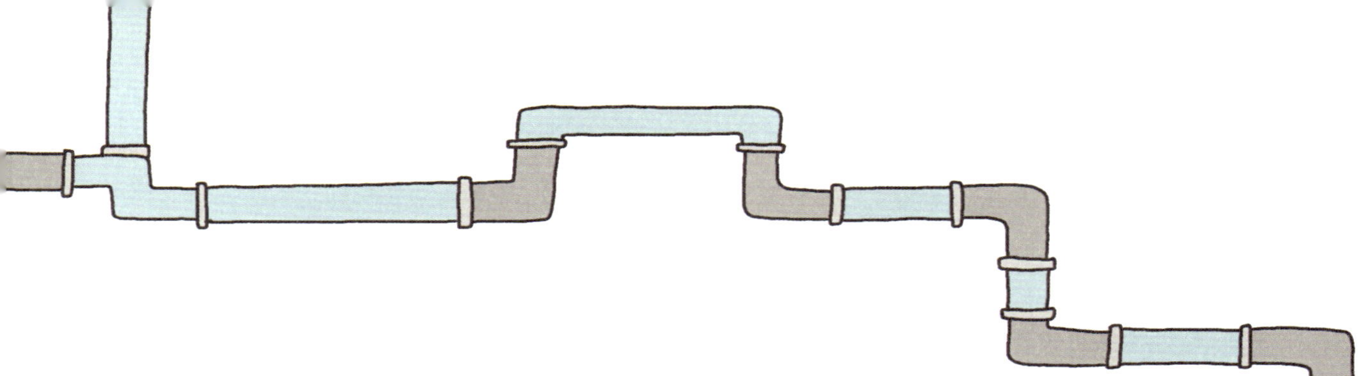

**호기심 톡톡!**

### 나는 얼마나 많은 물을 쓰고 있을까?

모든 생명은 물에서 시작돼요. 물이 없다면 지구 안의 그 어떤 생명체도 살아남을 수 없어요.

우리 몸의 70퍼센트는 물로 이루어져 있답니다. 온몸 구석구석 필요한 영양분을 전달하고, 노폐물을 내보내는 등의 활동이 잘 이루어지려면 매일 적당한 양의 물을 마셔야 해요. 성인은 하루 동안 2리터 이상의 물을 마셔야 건강하게 살 수 있죠. 그 밖에도 우리는 몸을 씻고, 볼일을 보고, 옷을 빨고, 그릇을 씻거나 음식을 만들 때 물을 쓴답니다.

한국수자원공사에 따르면, 우리나라 사람들은 매일 가정에서 한 사람당 287리터씩 물을 쓴다고 해요. 이 중 절반 이상의 물은 욕실에서 볼일을 보거나 몸을 씻는 데 쓰이죠. 온천과 사우나 등 목욕 문화가 발달한 영향도 있겠지만, 유럽 도시 사람들이 하루에 130리터의 물을 쓰는 것에 비하면 우리나라 사람들의 물 사용량이 많은 걸 알 수 있어요. 물의 낭비를 막고 절약하기 위해서 물을 아끼는 습관을 갖는 것이 중요하겠죠?

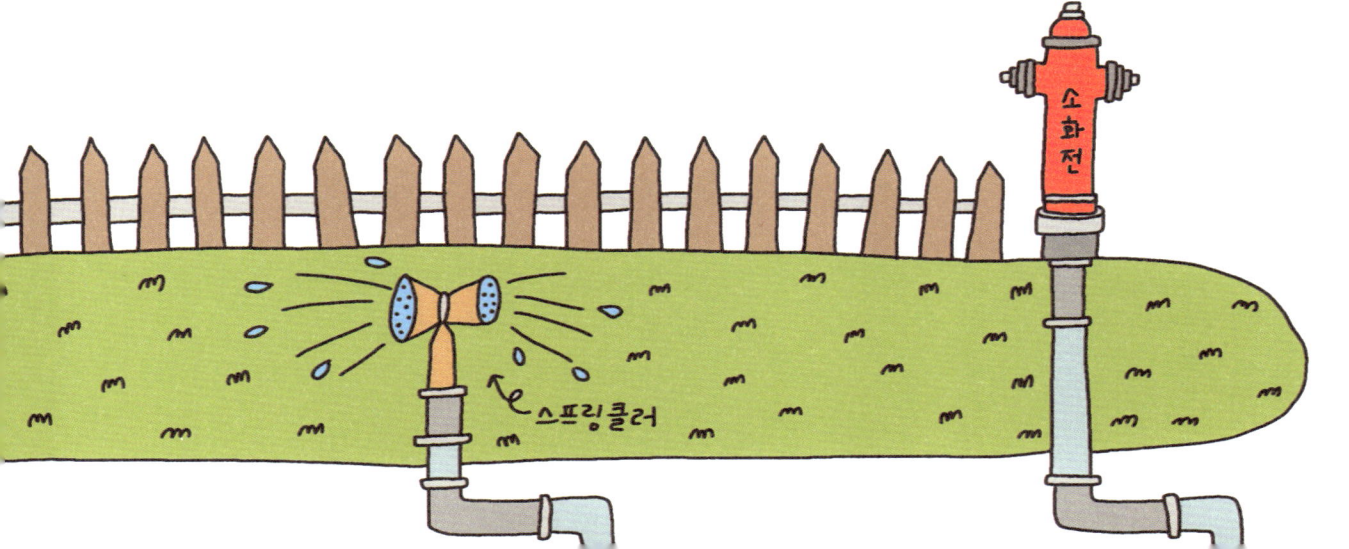

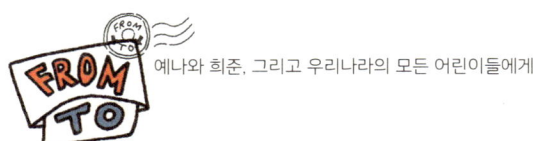
예나와 희준, 그리고 우리나라의 모든 어린이들에게

**From To 세상 모든 물건에 숨은 과학 3**

# 거실에 소가 누워 있어요

ⓒ 2018 이대형, 강혜숙

글쓴이 | 이대형  그린이 | 강혜숙
펴낸이 | 곽미순  편집 | 윤소라  디자인 | 김민서

펴낸곳 | 한울림어린이  기획 | 이미혜  편집 | 윤도경 윤소라 이은파  디자인 | 김민서  마케팅 | 공태훈  제작·관리 | 김영석
등록 | 2004년 4월 12일(제318-2004-000032호)  주소 | 서울시 영등포구 당산로54길 11 래미안당산1차 A 상가
대표전화 | 02-2635-1400  팩스 | 02-2635-1415  홈페이지 | www.inbumo.com
블로그 | blog.naver.com/hanulimkids  페이스북 책놀이터 www.facebook.com/hanulim

첫판 1쇄 펴낸날 | 2018년 4월 27일
ISBN 979-11-87517-41-2  74400
     979-11-87517-38-2 (세트)

이 도서의 국립중앙도서관 출판예정도서목록(CIP)은 서지정보유통지원시스템 홈페이지(http://seoji.nl.go.kr)와
국가자료공동목록시스템(http://www.nl.go.kr/kolisnet)에서 이용하실 수 있습니다.(CIP제어번호: CIP2018006361)
*잘못된 책은 바꾸어 드립니다.

어린이제품안전특별법에 의한 제품 표시   제조국 대한민국   사용연령 8세 이상